シードブック

保育内容 言葉

第3版

榎沢良彦・入江礼子　編著

杉本裕子・内藤知美・橋爪千恵子・本江理子
矢萩恭子・横山洋子・わたなべめぐみ　共著

建帛社
KENPAKUSHA

はしがき

SEED

　日本の幼稚園教育および保育は子どもを一人の主体として尊重し，子ども自身が内面から成長し発達していくことを重視する方向へと発展してきた。その表れが，現在の保育内容の考え方である。保育内容の「領域」は一言で言えば，主体としての子どもがどのように発達していくのかを踏まえ，子どもの内面性の育ちに配慮したものである。それは子どもの発達の基礎をなすものでもある。

　また，保育内容は教育方法および保育方法と緊密な関係にある。乳幼児期の子どもたちにふさわしい教育方法および保育方法は，乳幼児期の子どもたちの学び方および発達の仕方に合ったものでなければならない。日本の幼稚園教育および保育は，そのような方法を探究してきた。保育内容は，乳幼児期の子どもたちに合った方法と一体となることにより，初めて十分に実を結ぶのである。それゆえ，私たちは発達の基礎としての保育内容について理解を深めると共に，それをどのように実践に具体化し，子どもたちに経験させるか，その方法についても学ばなければならないのである。

　以上のような子どもを主体として考えることを，実践において実現することは難しいことである。学生のみなさんの多くは，子どもたちを楽しませることや，子どもたちを遊ばせることに懸命になる。その結果，いつの間にか子どもの視点を見失い，子どもの内面に目を向けることを忘れてしまう。そこで，「シードブック」5領域の教科書では，学生のみなさんが，主体としての子どもの視点から保育内容を理解できるように，特に以下の点に配慮して編集した。

　第一は，保育内容を「子ども自身が学ぶ」という視点で捉えることである。第二に，できるだけ子どもの経験が見えるようにすることである。そして，第三

に，同じく子どもの視点から援助のあり方についても捉えることである。章により配慮の程度に違いはあるものの，基本的に各執筆者は以上の点を意識して執筆した。

　2017年3月に「幼稚園教育要領」「保育所保育指針」「幼保連携型認定こども園教育・保育要領」が改訂・改定された。それに伴い，本書も改訂を行い「第3版」とした。改訂に当たっては以下のことに配慮した。

　一つは，幼稚園・保育所・幼保連携型認定こども園における保育内容の整合性を十分に踏まえて，幼稚園教育要領等の改訂・改定の趣旨および変更点について正確に理解できるようにすることである。今回の幼稚園教育要領等の改訂・改定では，幼稚園・保育所・幼保連携型認定こども園に共通する点として「発達を支援するという教育」の面が明瞭にされた。三つの機関・施設は乳幼児期を通じて，子どもを教育することを共通の目的としており，その成果は小学校へと連続していくことがより明確にされた。そのことを本書の中に反映するように配慮した。もう一つは，新しい情報や知見を盛り込むことである。幼稚園教育要領と保育所保育指針は9年ぶりの改訂・改定である。その間に様々な調査がなされている。そこで，保育内容の理解を深めるために必要なかぎり，新しい情報や知見を盛り込むことにした。章により，修正の必要度合いは異なるが，各執筆者は以上の点を意識して，適宜修正した。

　最後に，本シリーズが，保育者を志す学生のみなさんが子どもの視点に立った保育内容と援助のあり方について理解を深めるための一助となることを，切に願うしだいである。

　2018年4月

編　　者

iii

も く じ

SEED

第1章　領域「言葉」 ………………………………………………… 1

1. 乳幼児期に育む言葉の発達の基礎 ……………………………… 1
   - （1）「保育所保育指針」における目標 ……………………… 2
   - （2）「幼稚園教育要領」における目標 ……………………… 2
   - （3）子どもに体験させたい内容 ……………………………… 4
2. 「子どもの言葉」の捉え方 ……………………………………… 5
   - （1）子どもの気持ちと言葉による表現 ……………………… 5
   - （2）他者とかかわることで言葉が育つ ……………………… 7
3. 言葉の感覚を育てる ……………………………………………… 8
   - （1）音としての言葉の楽しさや美しさ ……………………… 8
   - （2）言葉の感覚を育てる絵本 ……………………………… 10
4. 文字への興味・関心を育てる ………………………………… 11
   - （1）「幼稚園教育要領」「保育所保育指針」「幼保連携型認定こども
     園教育・保育要領」における文字の捉え方 ………………… 11
   - （2）生活の中での文字環境づくり ……………………… 12
5. 小学校の教科学習と幼児期の言葉 …………………………… 13
   - （1）領域「言葉」と教科「国語」との違い ……………… 13
   - （2）学習の土台として必要な言葉 ……………………… 15

第2章　言葉にかかわる現代社会の課題 ……………………… 18

1. 情報化社会における言葉の問題 ……………………………… 18
   - （1）情報化社会の状況 …………………………………… 18
   - （2）一方的な情報の伝達 ………………………………… 19
   - （3）人の気持ちに鈍感な言葉 …………………………… 20

（4）間接的体験の増大 ·································· 21

2. 都市化と言葉の問題 ·································· 22

（1）都市化の状況 ·································· 22

（2）自然により心を揺さぶられる体験の減少 ·································· 23

（3）人間関係の稀薄化 ·································· 24

（4）地域文化の衰退 ·································· 25

3. 現代の人間関係と言葉の問題 ·································· 26

（1）心を通わす他者との交流の大切さ ·································· 26

（2）核家族における問題 ·································· 27

（3）少子化における問題 ·································· 28

（4）地域の人びとと交流することの少なさ ·································· 29

4. 国際化社会における言葉の問題 ·································· 31

（1）国際化の状況 ·································· 31

（2）異なる文化の相互理解 ·································· 32

（3）自国の文化を大事にすること ·································· 32

第3章　子どもにとっての言葉 ·································· 35

1. 子どもの言葉との出会い方 ·································· 35

（1）出生から喃語までの時期 ·································· 35

（2）物と言葉の一致 ·································· 36

（3）様々な言葉の使い手との出会い ·································· 37

2. 言葉のはたらき ·································· 39

（1）伝達の手段 ·································· 39

（2）思考の手段 ·································· 39

（3）行動調節の手段 ·································· 40

（4）世界を広げること ·································· 40

（5）物や行為に意味を与えること ·································· 41

3. 言葉が開く新しい世界 ·································· 43

（1）人とのかかわりの世界 ·································· 43

（2）ものや自然とのかかわりの世界·····44

（3）生き物とのかかわりの世界·····44

（4）イメージや想像の世界·····45

4. 日常生活での言葉の体験·····46

（1）人の言葉に触発される体験·····46

（2）自分の行為の意味を捉え直す体験·····47

（3）語調（言葉の調子やリズム）を楽しむ体験·····49

（4）言葉の表情を感じる体験·····49

（5）状況や人間関係により言葉を使い分ける体験·····50

（6）表現を創造する体験·····50

（7）言葉への興味・関心の芽生え·····51

5. 他者へのはたらきかけとしての言葉·····52

（1）発話は他者を前提とする·····52

（2）言葉が出るための子ども自身の条件·····53

（3）聞き手の重要性·····54

第4章　言葉の発達·····56

1. 言葉の発達の土台—言葉の能力を得る以前·····57

（1）乳児期初期からの力—「ひと」に対する特別な感受性·····57

（2）乳児期の経験·····58

（3）発話への準備—発声編·····59

（4）発話への準備—行動編·····61

2. 子どもが言葉を使い始めるとき—言葉の発達のプロセス·····66

（1）言葉を使い始める·····66

（2）言葉が増える·····67

（3）通じる世界の拡大·····68

（4）考えるための言葉·····70

3. 文字への興味とその広がり·····73

（1）"文字"を使う·····73

（2）"書き言葉"を使う ···74

　　（3）早期教育の問題点···76

　4. 言葉と他の発達の側面との関係 ·····························78

　5. 言葉の発達が気にかかる子どもたち ·····················79

　6. 言葉が目指すこと ···80

第5章　言葉を育てる人的環境 ·····························82

　1. 保護者とのかかわり ···82

　　（1）母（養育者）と子どもをつなぐ言葉 ·············· 82

　　（2）保護者の気持ちが子どもの言葉に影響する········83

　　（3）豊かな会話···86

　2. 友達とのかかわり ···86

　　（1）自信が言葉を獲得する意欲を育てる·················86

　　（2）トラブルの中で育つ言葉 ·····························90

　3. 高齢者とのかかわり ···91

　　（1）親近性···91

　　（2）地域とかかわる力···93

　　（3）ゆったりとした時間···94

　4. 保育者とのかかわり ···96

　　（1）繰り返す···96

　　（2）合言葉···97

　　（3）まねをする···98

　5. 幼児の言葉を育てる保育者の役割 ·····················99

　　（1）きっかけをつくる···99

　　（2）橋渡しをする ···100

　　（3）信頼される ···101

第6章　言葉を育てる文化的環境 ·························104

　1. 遊びと子どもの文化···104

（1）「文化」とは何か……………………………………………104

（2）「子どもの文化」とは何か……………………………105

2. 文化にふれることの意味………………………………………107

（1）生活の中の文化 ……………………………………107

（2）文化のもつ人間的・教育的意味 ………………108

（3）子どもの成長と文化 …………………………………110

3. 保育の中の文化財……………………………………………111

（1）児童文化財とは何か …………………………………111

（2）保育の中の文化財の特徴と活かし方 ………………111

4. 文化財を介しての子どもたちのかかわり…………………119

（1）かかわり合いと言葉の育ち …………………………119

（2）子どもの遊びと言葉 …………………………………119

（3）文化財を介しての子どもたちのかかわり …………120

5. 地域の中の文化………………………………………………121

（1）地域の中の文化とその重要性 ………………………121

（2）文化的施設の保育への活かし方 ……………………122

第7章　幼稚園・保育所・認定こども園での言葉の生活 …………… 124

1. 子どもが自ら展開する言葉の生活…………………………124

（1）言葉の生活の基盤となるもの ………………………124

（2）積極的に興味や関心を広げる ………………………126

2. 一人で楽しむ言葉の世界……………………………………127

（1）言葉を発する心地よさ ………………………………127

（2）見立てて遊ぶ …………………………………………128

3. 友達とコミュニケーションする……………………………130

（1）友達の存在を意識しあう ……………………………130

（2）人とのやりとりを楽しむ ……………………………131

（3）言葉で応答する楽しさを味わう……………………… 132

（4）言葉で伝える難しさに出合う ………………………133

4．互いにイメージをふくらませ豊かにする……………………………………136

　　　（1）体験したことをもとにイメージが広がる……………………………136

　　　（2）見えない存在をイメージして遊ぶ……………………………………137

　　　（3）おしゃべりだけでイメージがつながる………………………………139

　　　（4）お話のイメージを遊びに再現する……………………………………139

　　5．協同で遊びを展開させる……………………………………………………140

　　　（1）言葉で遊ぶ………………………………………………………………140

　　　（2）相手の気持ちになる……………………………………………………141

　　　（3）話し合いで解決する……………………………………………………142

　　　（4）協同する遊びに向かって………………………………………………144

　　6．遊びや生活の中で文字と出会う……………………………………………146

　　　（1）標識や文字への興味・関心……………………………………………146

　　　（2）園生活の中の文字………………………………………………………147

　　　（3）遊びの中の文字…………………………………………………………148

第8章　　子どもの言葉を育てる指導……………………………………………151

　　1．子どもと言葉…………………………………………………………………151

　　　（1）現在の子どもと言葉……………………………………………………151

　　　（2）「幼稚園教育要領」「保育所保育指針」「幼保連携型認定こども園

　　　　　教育・保育要領」にみる言葉の指導…………………………………152

　　2．言葉の発達の基礎となるもの………………………………………………154

　　　（1）リズムの共有・共鳴……………………………………………………154

　　　（2）聞くこと…………………………………………………………………156

　　3．子どものイメージを豊かにする……………………………………………158

　　4．生活の中から言葉への興味を育てる………………………………………162

　　5．子どもの表現を豊かにする…………………………………………………164

　　6．言葉が育つ人間関係をつくる………………………………………………165

　　7．子どもの表現意欲を育てる…………………………………………………167

第1章
領域「言葉」

　私たちはふだん，ごくあたりまえのように日本語を話している。しかし，「いつから日本語を話せるようになったの」と聞かれても，答えることは難しい。けれども，何もしなくてもある時期になったら突然，言葉を話せるようになるわけではない。言葉を話すというこの素晴らしい能力は，どのように獲得されるのだろうか。
　第1章では，言葉を獲得する過程で最も重要な時期について認識を深め，幼稚園や保育所における領域「言葉」について十分に理解したい。さらに，子どもへの援助や指導についても考えていきたい。

1. 乳幼児期に育む言葉の発達の基礎

　子どもが言葉を話せるようになるためには，乳児期からたくさんの豊かな言葉を周囲の人からかけられること（言葉を聞くこと），周囲の人の言葉をまねて発声すること（言葉の模倣）が必要不可欠である。このことが絶えず繰り返される中で，子どもは言葉を獲得していく。では，子どもの生活の場でもある保育所や幼稚園，幼保連携型認定こども園（以下，「保育所・幼稚園等」とする）では，どのような配慮のもとに子どもの言葉の発達を促しているのだろうか。保育所保育指針，幼稚園教育要領，幼保連携型認定こども園教育・保育要領（以下，「保育所保育指針・幼稚園教育要領等」とする）から考えてみよう。

（1）「保育所保育指針」における目標

　保育所保育指針では，第1章「総則」において，子どもの言葉に関して次のような目標をあげている。

> **（2）保育の目標**
> （オ）生活の中で，言葉への興味や関心を育て，話したり，聞いたり，相手の話を理解しようとするなど，言葉の豊かさを養うこと。

　また，「保育に関するねらい及び内容」の中で，保育士が援助することにより子どもが身に付けることが望まれる事項について，発達の側面から五つの領域を設定して示している。このうち，子どもの言葉の発達の側面から示されたものが，「言葉」である。

（2）「幼稚園教育要領」における目標

　一方，幼稚園教育要領では，第2章「ねらい及び内容」で，

> **第2章　ねらい及び内容**
> 　この章に示すねらいは，幼稚園教育において育みたい資質・能力を幼児の生活する姿から捉えたものであり，内容は，ねらいを達成するために指導する事項である。

とし，これらを子どもの発達の側面から五つの領域に示している。このうち，子どもの言葉の発達の側面から示されたものが「言葉の獲得に関する領域『言葉』」である。

　領域「言葉」の目標は次のとおりである。

> **言　　葉**
> 　経験したことや考えたことなどを自分なりの言葉で表現し，相手の話す言葉を聞こうとする意欲や態度を育て，言葉に対する感覚や言葉で表現する力を養う。

また，ねらいとして次の3項目を挙げている。

1　ねらい

（1）自分の気持ちを言葉で表現する楽しさを味わう。

（2）人の言葉や話などをよく聞き，自分の経験したことや考えたことを話し，伝え合う喜びを味わう。

（3）日常生活に必要な言葉が分かるようになるとともに，絵本や物語などに親しみ，言葉に対する感覚を豊かにし，先生や友達と心を通わせる。

　（1）は，子どもが自分の気持ちを言葉で表現し，相手に伝わる喜びを味わう，という心情面を示している。（2）は，教師や他の子どもの話を興味をもって聞くことを通して次第に話を理解するようになり，言葉による伝え合いができるようになることをねらいとしている。（3）は，子どもが日常生活に必要な言葉が理解できるようになり，保育者が読んでくれる絵本などに親しみ，想像力を豊かにして友達とともに楽しもうとする態度を育てることをねらいとしている。

　このようなねらいを達成するための基礎的なかかわりは，乳児期から始まっている。つまり，子どもと接する保育者が積極的に声をかける，それを聞いて子どもが声を発する，その声に再び保育者が応答する，ということが大切であり，このような繰り返しの中で子どもは言葉を獲得していくということである。

　幼児期になると，子どもは様々な体験の中で自分の思いを自分なりの言葉で表出し，友達や保育者に伝えようとする。しかし，ときには自分の思いが伝わらなくて，けんかになることもある。だが，けんかを通して相手の心情を思いやることや，自分の思いを相手に伝えようとすることを学ぶ。子どもは保育所・幼稚園等での日常生活の経験を通して，友達と一緒に楽しく遊ぶためには自分の考えを相手に伝えなくてはならないことや，相手の意見も聞かなくてはならないことを知る。また，次第に友達と相談してきめることが必要であることも学んでいく。

きょうは，何のお話かな

　先生がお話したり絵本を読んでくれるときには，興味をもって聞こうとする態度が大事である。一所懸命に聞くことでその内容と自分の体験を結び付けたり，想像の世界に思いをはせることもできる。そこから造形など他の活動にまで広がることもある。また，絵本や童話に出てくる面白い言葉や初めての言葉，あるいは繰り返される言葉などは，子どもの心に残るものである。このような言葉は，言葉に対する感覚を育てることにもなる。

　以上，保育所保育指針と幼稚園教育要領における領域「言葉」をみてきた。幼保連携型認定こども園教育・保育要領（以下，「認定こども園教育・保育要領」とする）の領域「言葉」の目標等は，保育所保育指針に準じている。

（3）子どもに体験させたい内容

　保育所・幼稚園等で毎日の生活を積み上げていく中で，子どもは言葉にかかわる様々な力を獲得していく。保育者が子どもに体験させたい内容を以下にまとめてみよう。

・毎日の生活の中で，心を動かすような体験を豊富にもつこと。
・それらの体験を自分の言葉で表現すること。
・自分の考えたことを相手にわかるように話すこと。

・相手の話を聞き，それを理解しようとすること。

・絵本や物語を読んでもらうことを喜び，想像の世界を広げて友達や保育者とも共有できるようになること。

　幼児期には言葉の発達の基礎として，このような心情，意欲，態度を育みたいものである。

2.「子どもの言葉」の捉え方

（1）子どもの気持ちと言葉による表現

　「ワンワン」というような単語しか話せなかった子どもも，徐々に語彙量が増していき，「ワンワン　イナイ」というように主語と述語を含んだ文を話せるようになっていく。しかし，まだ2歳頃の子どもの話は，第三者が聞いたときに理解しにくいことが多い。

　一般的に，子どもも3歳を過ぎる頃になると，自分の言いたいことをある程度，言葉で表現することができるようになるといわれている。ただ，経験も語彙量もまだまだ不十分であるので，自分の言いたいことが十分に言葉に出して表現できるというわけではない。

1）保育者の留意点

　保育所保育指針（3歳以上児），幼稚園教育要領等の領域「言葉」の中には，保育者が子どもに指導すべき事項として，次のような項目がある。

2　内　容
　（2）したり，見たり，聞いたり，感じたり，考えたりなどしたことを自分なりに言葉で表現する。
　（3）したいこと，してほしいことを言葉で表現したり，分からないことを尋ねたりする。

　これらは，子どもが自分の内側にある気持ちを言葉を媒介として外側に表出し，相手にわかるように伝えることができるようになることを願ったものであ

る。

　しかし，自分がしたこと，見たこと，聞いたこと，感じたこと，あるいは，保育者や友達にしてほしいこと，自分が困ったことなどを言葉で伝えるということは，子どもにとっては難しい場合も多い。泣く，怒るなどの表情や身振りを伴って表現することもしばしば見られる。

　また，自分の気持ちを言葉では表現できなくて，言葉のかわりに表現した行為が相手に素直に伝わらず，誤って受け取られる場合もある。一緒に遊びたい友達に「遊ぼう」という言葉のかわりにトントンとたたいたため，たたかれた（意地悪をされた）と相手に勘違いされたり，学生が実習に来たのが嬉しくて，「お姉さん先生，一緒に遊ぼう」という言葉のかわりに後ろからドーンと背中を押してしまい，自分の気持ちが実習生に伝わらないこともある。そのため実習生の方は，自分は子どもに嫌われているのではないかと悩むのである。

　また，お弁当の時間に箸がないことに気付いた子どもが，言葉で表現しないでシクシク泣き出したり，「せんせい，おはし」と単語をポツンと言うだけの表現しかしないなど，多くの保育所・幼稚園等で見られる光景であろう。

　このように，言葉による表現が十分にできずに，その子どもなりの行動を伴う表現が意味するものを，保育者は読み取るように努めなくてはならない。

2）子どもの気持ちと言葉との関係

　子どもの気持ちと言葉による表現との関係を，図1－1で考えてみよう。グラスにジュースを入れて氷を浮かべると，氷の一部分はジュースの上に出るが，残りの大部分はジュースの中に沈んでいる。この氷全体を子どもの気持ちと考えると，ジュースの上に出ていて見える部分（斜線の部分）が，子どもの言葉であり子どもの行為や行動である。

　一方，ジュースの中に沈んでいて見えない部分は，言葉に表現できない子どもの気持ちだと考えることができよう。子どもは言いたいことを言葉だけで十分に表現できるわけではない。

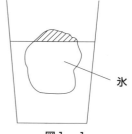

図1－1

保育者は，子どもの言葉や行動をそのまま捉えるのではなく，言葉や行動に込められた子どものほんとうの気持ち，あるいは，言葉に表現できない子どもの思いを汲み取るように努力したい。と，同時に，それぞれの場面でその場にふさわしい言葉による表現も，お手本として子どもに示していきたいものである。保育者の言葉による表現を聞くことによって，子どもも言葉で表現しようとする意欲や力が育っていくのである。

（2）他者とかかわることで言葉が育つ

人とのかかわりは乳児の頃から始まり，子どもは保育所・幼稚園等における生活の中で，保育者や友達など周りの人々とのかかわりを通して必要な言葉を知り，少しずつ言葉の能力を身に付けていく。他者とかかわることが言葉の獲得につながることについて，保育所保育指針では次のように述べられている。

第2章 保育の内容　1 乳児保育に関わるねらい及び内容

（2）ねらい及び内容

イ 身近な人と気持ちが通じ合う

（イ）内容

①子どもからの働きかけを踏まえた，応答的な触れ合いや言葉がけによって，欲求が満たされ，安定感をもって過ごす。

②体の動きや表情，発声，喃語等を優しく受け止めてもらい，保育士等とのやり取りを楽しむ。

④保育士等による語りかけや歌いかけ，発声や喃語等への応答を通じて，言葉の理解や発語の意欲が育つ。

（ウ）内容の取扱い

②身近な人に親しみをもって接し，自分の感情などを表し，それに相手が応答する言葉を聞くことを通して，次第に言葉が獲得されていくことを考慮して，楽しい雰囲気の中で保育士等との関わり合いを大切にし，ゆっくりと優しく話しかけるなど，積極的に言葉のやり取りを楽しむことができるようにすること。

子どもが言葉を獲得するためには，ただ泣いているばかりに見えるような乳児期から，周囲の人々の言葉がけが大切である。子どもに接するときは，ことあるごとに優しく微笑んで言葉をかけ，子どもとのかかわりを深めながら言葉を引き出すように促すことが大切である。歌を歌って聞かせたり一緒に歌うなど，周りの大人とのかかわりを通して，子どもの言葉は育っていくのである。

また，絵本については，たとえ1歳未満の子どもであっても，絵に興味を示すようになったらたくさん見せてあげたい。その時には，絵本に書かれた文章のとおりに読まなくてもよい。初期の段階では絵を指して，「うさぎさんがいるね」などと言葉に表して，子どもが絵本の絵を楽しめるようにするのがよい。そのうちに，絵本の内容に興味を示すようになったら文章を読み，面白い言葉や簡単な言葉を一緒に繰り返すなどして，絵本を楽しむことができるようになればよい。このような体験を繰り返すことが，言葉の獲得や語彙の増加につながっていく。

3. 言葉の感覚を育てる

（1）音としての言葉の楽しさや美しさ

言葉にはいろいろな機能がある。最もわかりやすいのが，意味や内容を伝えるという「伝達」の機能であろう。その他にも「思考の手段」，「行動調整の手段」などの機能がある。しかし，言葉にはそのような機能以外に，音声として発せられた音の響きや美しさ，リズムとしての楽しさもある。

乳幼児期から豊かな言葉を聞き模倣することが，言葉の獲得につながることは今さら言うまでもないが，面白い言葉や美しい響きをもつ言葉を聞くことによって，言葉の感覚が育っていくことも忘れてはならない大切なことである。

このことを，保育所保育指針（3歳以上児の保育に関するねらい及び内容）・幼稚園教育要領等の領域「言葉」の項目では次のように述べられている。

3. 言葉の感覚を育てる　　9

内　容
（7）生活の中で言葉の楽しさや美しさに気付く。

つまり，単に伝達の手段としての言葉だけではなく，音としての言葉にも興味をもたせ，子どもたちに言葉の感覚を育てることをあげている。そのためには，生活の中で絵本，童話，詩などを読んであげることで，子どもが様々な言葉（古語，方言，擬声語，擬態語など）にふれられるようにしたり，子どもと一緒に声を出したりすることも必要であろう。

園生活の中で子どもの言葉のお手本となるのは，保育者の言葉である。したがって，保育者は毎日の保育における自分の言葉に意識を向け，豊かな美しい言葉で子どもたちと会話をするように心がけたい。幼稚園・保育所等で保育者が子どもたちに話しかけているときに，筆者が気になることがある。それは保育者の声の大きさと話し方についてである。

保育者が子どもたちに話をしようとするときに，まだ，子どもたちに保育者の話を聞こうとする態度が整わず，ざわざわとしている場合がある。それでも構わずに子どもたちに向かって大声で話す保育者がいる。また，明るく元気な話し方と荒々しい話し方を取り違えている保育者も，時おり見かけることがある。

アメリカの幼児教育の専門家であるキャサリン・H・リードは，著書『ナースリースクール』[1] の「話し方」という項目の中で，「先生の声は教具である」，「先生の話し方によって，子どもの話し方の型ができてくる。もし，先生が大きな声で耳ざわりな話し方をすれば，子どもも先生と同じような話し方をするようになる」と，述べている。

子どもたちの言葉の感覚を育てるには，子どもたちに保育者の話を聞こうとする意欲や態度が基本的に必要である。その上で，保育者は子どもたちに穏やかに，わかりやすく話すことである。大声を出す必要がないように子どもたちに人の話を聞こうとする意欲や態度を育て，保育者自身も美しい声と言葉を使いたいものである。

また，保育者は日常生活の中で多様な言葉の表現も心がけたい。保育者の様々な言葉での表現を聞くことにより，子どもたちの言葉に対する感覚も，育てられるのである。

（2）言葉の感覚を育てる絵本

『赤ちゃんからの読み聞かせ』[2]という本の中に，次のような例が紹介されている。

著者が幼い孫に，絵本『あさえとちいさいいもうと』を読んであげたそうである。しばらくたったある日，この孫は「わたし，あさえちゃんよ（絵本の主人公の名前）」と言い，自分の人形にあやちゃん（絵本の主人公の妹の名前）と名付けて，ままごとをしていた。また，この絵本の中にある「ジコジコジコジコ」という言葉を言いながら遊んでいたという。

面白い響きを耳にした孫が，その言葉の響きを感覚的に覚えていて，後の遊びの中にその言葉が反映された例だといえよう。

また，例えば「雨が降っている」という状態を表現するときに，激しく降っているのか，静かに降っているのか，その状態を表現する言葉が，日本語にはたくさんある。「ざあざあ，ざんざん，びちょびちょ，しとしと，ぽつぽつ，ぽとぽと，ぽつりぽつり，ぽつんぽつん…」。一方，「バケツをひっくり返したような雨」とか「篠突く雨」などという，豊かな日本語の表現もある。

私たちは日常の会話の中では，とかく同じ言葉を使って表現してしまいがちである。例えば，「広い部屋」とか「長い棒」と言うべきところも，すべて「大きい部屋」，「大きい棒」などと表現してはいないだろうか。保育者自身が言葉の感覚を高める努力をするとともに，子どもたちにも様々な言葉を耳から与えたいものである。

絵本や童話は，日常生活の会話ではなかなか耳にできないような，愉快な言葉や美しい言葉などの宝庫である。『もこもこ』，『がたんごとん』，『ごろごろにゃーん』『いないいない　ばあ』など，題名を声に出しただけでも愉快な絵本がたくさんある。また，「うんとこしょ　どっこいしょ」とか「おむすびこ

ろりん　すっとんとん」などというリズミカルな楽しい言葉は幼い子どもでも
すぐに覚え，繰り返し読んでもらっているうちに，いつのまにか子どもたちも一緒
になって声に出していることがある。かなり長い文章でも，言葉の響きが面白
いために子どもたちが覚えてしまい，お経のように唱えて楽しんでいるという
事例も，近年よく耳にする。

　楽しい詩や言葉の響きの美しい詩をたくさん集めた「子どものための詩と絵
の本」もある。毎日の保育の中でこのような詩を読んで聞かせ，保育者と子ど
もが一緒に少しずつ覚えていくことなども，言葉の感覚を育てることではない
だろうか。

4．文字への興味・関心を育てる

（1）「幼稚園教育要領」「保育所保育指針」「幼保連携型認定こども園　教育・保育要領」における文字の捉え方

　子どもと文字とのかかわりについては，どのように捉えたらよいだろうか。
幼稚園教育要領の領域「言葉」では文字に関して，以下のように述べられてい
る。

2　内　容
　（10）日常生活の中で，文字などで伝える楽しさを味わう。
3　内容の取扱い
　（5）幼児が日常生活の中で，文字などを使いながら思ったことや考えた
　　　ことを伝える喜びや楽しさを味わい，文字に対する興味や関心をもつ
　　　ようにすること。

保育所保育指針，認定こども園教育・保育要領も同様である。

　保育所保育指針，幼稚園教育要領等に共通しているのは，子どもに「日常生
活の中で，文字への興味や関心を育てたい」ということである。

（2）生活の中での文字環境づくり

　子どもは家庭生活や園生活の中で文字や数字など，様々な記号に出会う。それらは自分や友達の持ち物に書かれた名前やクラスの名前など所有や所属を表すもの，絵本の文字のように内容を表すもの，あるいは道路標識など社会生活上のきまりを示すものなどである。

　そして，いろいろな場面で文字や記号を目にするうちに興味をもち，自分でも文字を使いたいと思うようになっていく。2〜3歳になると自分の描いた絵に名前のつもりらしい文字を書いたり（ただし，他者には読めないこともある），文字をさして「何て書いてあるの」と保育者に尋ねたりする姿も見られるようになる。しかし，文字に対する興味や関心は個人差が大きいので，保育者は一人ひとりの興味の度合いに応じた対応や配慮が必要である。

　クラス全員で一斉に文字を読んだり，書いたりすることは好ましいことではない。それよりも，保育者自身が日常生活の中の様々な場面や場所で文字や数字を使用して，さりげなく子どもの興味を引くような文字環境をつくることが望ましい。どの園でも各保育室の入り口にはクラスの名が書かれているであろうし，子どもたちのロッカーやタオル掛けなどにも子どもの名前を貼っていることだろう。保育室に子どもの誕生月と名前の書かれた掲示物を貼ったり，カレンダーや時計を置くこと，あるいは，園庭の草花や樹木にその名前を付け

トイレのスリッパをそろえてね

わたしのお誕生日はいつかな

ることなども，文字環境としての工夫である。

　文字が読めるようになることは子どもにとって大きな喜びではあるが，本人の意思と無関係に指導されることは好ましくない。それよりも，このような文字環境の中で生活していくうちに子ども自身が文字に関心をもつようになり，「ここ，何て読むの？」と保育者に尋ね，一文字ずつ無理なく読めるようになることが望ましい。また，5歳児ともなると，絵本を広げて文字を指で押さえながら読む姿が見られるようになる。そのことは認めてあげながらも，「文字が読めること」即，「内容が理解できる」ということではないので，絵本や童話などは，やはり，保育者がたくさん読んであげたいものである。

5．小学校の教科学習と幼児期の言葉

（1）領域「言葉」と教科「国語」との違い

　幼稚園は学校教育法に定められた「学校」ではあるが，幼稚園には小学校以降の学校にあるような「教科」というものはない。それは児童福祉施設である保育所や幼保連携型認定こども園も同様である。

　保育所保育指針や幼稚園教育要領等では，「領域」は子どもの日常生活全体を通して総合的な指導を行うための視点であり，五つの領域は発達の諸側面を捉

えている。そして，幼児期に育みたい資質・能力を三つ示し，それら三つを幼児の生活する姿から捉えたものが「ねらい」の意味としている。したがって，領域は活動の分類ではないし，教科でもない。

　学校教育法によれば，幼稚園教育の言語能力に関する目標は以下のとおりである。

> 第23条
> 四　日常の会話や，絵本，童話等に親しむことを通じて，言葉の使い方を正しく導くとともに，相手の話を理解しようとする態度を養うこと

　また，幼稚園教育は，「遊びを通しての総合的な指導」（幼稚園教育要領）が基本であるから，保育所・幼稚園等における子どもたちへの言葉の指導は，領域「言葉」として単独に指導するというようなことはない。まして，領域「言葉」の活動などというものはありえない。その点が，小学校における教科学習としての「国語」との違いである。

　この点について，「幼稚園教育要領解説」では，「幼稚園教育における領域は，それぞれが独立した授業として展開される小学校の教科とは異なるので，領域別に教育課程を編成したり，特定の活動と結び付けて指導したりするなどの取扱いをしないようにしなければならない。」[3]と，解説している。つまり，保育所・幼稚園等において子どもたちに一斉に文字を教えて読ませたり，書かせるというような活動は，領域「言葉」のねらいとは異なるものである。

　幼児期に必要な基礎的な言語能力とは，これまで取り上げてきた保育所保育指針・幼稚園教育要領等で明らかなように，「自分の言いたいことを言葉で表現できる」，「他者の話をしっかり聞こうとする」意欲や態度を育て，「言葉に対する感覚や言葉で表現する力」を育てることである。それらは，あくまでも，保育所・幼稚園等での毎日の生活や遊びの中で，保育者や友達とのかかわりを通して総合的に指導され，育てられるものである。

（２）学習の土台として必要な言葉

　小学校以上の学校では，学習の内容がそれぞれの「教科」として独立している。そして，教科ごとの学習内容は，学年が上がるにつれて専門的に分化されていく。

　それらはその教科ごとに，学習内容に即した学習形態や指導方法で展開されていく。しかし，いずれの学年のどの教科においても，学習していく過程では，「自分で考えること，自分の言いたいことや考えたことを表現（発表）すること，他者の意見を聞くこと，それを聞いて再び考えること」という能力を必要とする。つまり，教科が異なっても全ての教科に共通しているのは，言葉を媒介として学習が成り立ち進められていくということ，すなわち，学習過程には基本的に言語能力が必要だということである。実は，これらは幼児期に育てたい言葉に関する内容として，幼稚園教育要領の領域「言葉」にまとめられたことそのものである。

> **言　葉**
> 　経験したことや考えたことなどを自分なりの言葉で表現し，相手の話す言葉を聞こうとする意欲や態度を育て，言葉に対する感覚や言葉で表現する力を養う。

　このような基礎的な言語能力が，小学校以上の「学習」のための基礎力となるのである。

　近年，「言いたいことはあるのだけれど，どのように表現したらよいのかわからない」とか，「うまく言えないから，言わないでおく」，あるいは，「自分が言っても，他者にはわかってもらえない」など，自分の表現方法をもてなかったり，他者の話を聞こうとしなかったりして，仲間とのかかわりの中で内容を深めていく学習ができない小学生の話を耳にすることがある。これらの根本的な問題は，幼児期における言葉の発達，特に他者とのかかわりの中で育まれるべきコミュニケーション能力が十分に育っていないということが，原因の一つだと思われる。

幼児期の言葉の発達に必要なことは，小学校での教科学習に向けて文字の読み書きを指導することではない。子どもが自分の言いたいことを自分の言葉で表現したり，相手の話をしっかり聞こうとする意欲や態度を育てることこそが幼児期の発達課題である。

それが小学校の教科学習につながっていく，ということを私たちはしっかりと認識したい。

■引用文献

1）キャサリン・H・リード，宮本美沙子訳：ナースリースクール　邦名『幼稚園』，フレーベル館，p.104，1978
2）浅川かよ子：赤ちゃんからの読み聞かせ，高文研，p.109，1989
3）文部科学省：幼稚園教育要領解説，p.134，2018

■参考文献

文部科学省：幼稚園教育要領〈平成 29 年告示〉，フレーベル館，2017
厚生労働省：保育所保育指針〈平成 29 年告示〉，フレーベル館，2017
内閣府・文部科学省・厚生労働省：幼保連携型認定こども園教育・保育要領解説，フレーベル館，2015
森上史朗編：最新保育資料集 2017，ミネルヴァ書房，2017
筒井頼子：あさえとちいさいいもうと，福音館書店，1982
谷川俊太郎：もこ　もこもこ，文化出版局，1977
安西水丸：がたん　ごとん　がたん　ごとん，福音館書店，1987
長新太：ごろごろ　にゃーん，福音館書店，1976
松谷みよ子：いないいない　ばあ，童心社，1967
桑原伸之：赤ちゃんのためのことばの絵本，あすなろ書房，2002
なかえよしを：ぎったん　ばっこん，文化出版局，1977
岸田衿子：せっけんつけて　ぶくぶく　ぷわー，福音館書店，1999
元永定正：がちゃがちゃ　どんどん，福音館書店，1986
岸田衿子：木いちごつみ─子どものための詩と絵の本─，福音館書店，1983

第2章
言葉にかかわる現代社会の課題

1. 情報化社会における言葉の問題

(1) 情報化社会の状況

　現代社会では，急速に科学技術が進歩している。コンピュータの発達は目を見張るものがある。それは多量の情報を短時間で処理することを可能にするので，いたるところで活用されている。その結果，私たちは非常に便利な生活を手に入れた。すなわち，コンピュータを利用した様々な機器が私たちの生活の中に入り込んできたのである。

　例えば，身近な電気製品はほとんどすべてと言ってよいくらい，マイクロコンピュータを搭載している。炊飯器，冷蔵庫，ポット，テレビ，電話，オーディオ，掃除機，洗濯機など，数限りない。

　このように，科学技術は私たちの生活に役立っているのだが，心配な側面もあわせもっている。それは子どもの発達への影響である。

　私たちの生活には今やテレビや新聞，雑誌などの情報が欠かせなくなっている。これらマスメディアも科学技術により支えられている。最近では，パソコンやスマートフォンの普及とともに，インターネットの利用も広まっている。私たちは自宅にいながらにして，世界中の情報を，労を要せずして手に入れることができる。そして，そのような情報が私たちの生活の中に大きな部分を占めるようになってきた。現代社会は，多くの情報網が張り巡らされ，様々な情報が行き交い，それによって私たちの生活が左右されるという情報化社会なの

である。

　この情報化社会を生きているのは大人だけではない。幼児を含む子どもたち
も情報化社会に巻き込まれている。例えば，テレビでは，幼児から高齢者まで
あらゆる年齢を対象にした番組が毎日放送されている。子ども向けの DVD や
パソコンソフトもよく売れている。さらに，子どもの世界にもインターネット
機能を持つ携帯電話・スマートフォンが普及している。もちろん，子ども向け
の出版物も多い。

　このように，現代社会では，子どもたちは多くの情報に囲まれて生きている。
しかもそれは，何らかの媒介物（メディア）を通して子どもたちにもたらされ
ているのである。

（2）一方的な情報の伝達

　情報化社会は，自分にとって必要な情報を効率的に手に入れることができる
ので，時間を節約でき，作業効率が上がる。しかし，その情報は多くの場合一
方的に私たちに送られてくるものである。通常，会話の場合には，話し手と聞
き手が交互に入れ替わり，話の内容を確認し合いながら，相手を理解していく。
ところが，情報化社会の情報の多くは，特にマスメディアにより与えられる情
報は，相互的な確認のプロセスがないまま一方的に私たちに伝えられるだけで
ある。しかも，マスメディアの特徴は，特定の個人に向かって情報を伝えるの
ではなく，不特定多数の人を対象に情報を発信することである。これらのこと
は子どもたちに対してどのような影響を及ぼすのだろうか。

　第一に，子どもたちがひたすら情報を受けるだけという，情報に対して受動
的な立場に置かれることになる。コミュニケーションの本質が，主体と主体の
相互理解にあるとするなら，テレビなどのマスメディアから情報を受ける子ど
もたちはコミュニケーションの本質を経験しないことになるのである。しか
も，情報をひたすら鵜呑みにして受け入れることになるので，情報の真偽もわ
からないまま，信じ込むことになる。すなわち，コミュニケーションに参加す
る者としての主体性の確立に問題が生じるのである。

20　第2章　言葉にかかわる現代社会の課題

　第二に，たとえ子どもが興味をもって幼児向け番組を見ているとしても，テレビの中の登場人物は子どもに反応してくれるわけではない。つまり，子どもとテレビの登場人物の間には相互応答は成り立たないのである。それは子どもが自分と相手の相互応答の中で使われる生きた言葉のやりとりを経験できないことを意味する。言葉は生きた言葉のやりとりを通して発達することを考えると，子どもがマスメディアにばかりかかわっているのは問題であると考えられるのである。

　第三に，子どもたちは情報の発信者と個人的かかわりをもつことはないので，その発信者を二人といない個性をもった独自な存在として経験することができない。言い換えれば，その発信者を一人の人間として深く理解することができないのである。そのことは，子どもの自我の発達にとっては問題である。なぜなら，「自分」というものは，「自分とは異なる存在」と出会うことによって形成されていくからである。情報発信者を一人の人間として理解できないことは，自分とは異なる存在としての人間に出会えないということなのである。

　以上のように，子どもたちが一方的な情報の伝達にさらされ，それに浸りきりになることは，言葉の発達だけでなく，それと関係の深い主体性や自我の確立にも問題があると懸念されるのである。

（3）人の気持ちに鈍感な言葉

　情報化社会におけるコミュニケーションの特徴は，個人と個人が直接向き合うことなく，情報だけが行き交う点にある。つまり，言葉を発する個人が目に見えなくなるのである。そのことは，言葉が，それが生まれてくる身体から分離されることを意味する。

　本来，言葉は人間の身体の状態と結び付いている。例えば，緊張した心理状態にあるときには，身体がこわばり，声にそれが表れる。極端に緊張しているときには，顔が引きつり，声がふるえることもある。一方，嬉しくて心が弾んでいるときには，身体は柔らかく，声は明るくよくとおる。つまり，よく「声にも表情がある」といわれるように，話される言葉には必ずその人の感情や気

持ちが表れているのである。そして，感情や気持ちは必ず身体の状態にも表れるのである。

したがって，人と人が向き合って会話を交わしているときには，私たちは必ず相手の身体の状態や「声の表情」を通して，相手の気持ちや感情を感じ取っているのである。同様に，相手も私の気持ちや感情を感じ取っている。それが同時に起こっているのである。つまり，私たちは言葉を発するとき，相互に相手の気持ちや感情を感じながら，言葉を選び，声の調子を微妙に調整しているのである。それが，人とかかわるときの私たちの言葉なのである。

ところが，マスメディアを通して情報をやりとりする場合には，私たちは相手と直接向き合わないので，相互に相手の気持ちを感じながら言葉を発することはなくなる。それゆえ，私たちはいつの間にか人の感情に鈍感なコミュニケーションに陥ってしまうのである。例えば，礼を欠いた電子メールやSNS（ソーシャル・ネットワーク・サービス）への人を傷つける書き込みなどがしばしば見られるのは，その現れであろう。

このように，言葉からそれを発する人の感情や身体の状態が切り捨てられて，言葉が単なる情報の伝達手段としてのみ捉えられることになると，人と人が気持ちを通い合わせるという，コミュニケーションの重要な部分が忘れられてしまう危険性があるのである。

（4）間接的体験の増大

情報化社会の情報は，すべて媒介物を通して与えられるので，私たちは情報の中味について直接体験することはない。間接的体験により，知識が増えるのである。例えば，テレビや図鑑で動物や自然を見る場合，確かにそれらについての知識はいろいろと得られる。しかし，それはあくまでも映像や写真，文を通してであり，直接それらを体験することによってではない。その知識は間接的体験にとどまるのである。

間接的体験は必ずしも悪いわけではない。そこに出向かなくても様々なことを知ることができることは，子どもたちの興味を広げることにもなる。また，

絵本を読むことで，子どもたちは物語の世界を直接体験できるわけではないが，その世界を想像することにより，イメージを豊かにすることができる。それゆえ，間接的体験も子どもの発達にとって有益なのである。しかし，直接体験しなければわからないことも多いのである。

例えば，テレビで見ているだけでは，ウマの息づかいを感じることは難しいし，その大きさを理解することもできない。毛並みの感触や，ウマのからだの温かさや柔らかさはわからない。おそらく子どもがウマに直接かかわるなら，その大きさに驚き，圧倒されるだろう。そのとき，子どもは思わず自分の身体の中からほとばしり出るように，感情を込めて，「でっかい」と言うだろう。まさに，これは生き生きした言語表現である。

このように，子どもは直接体験して，驚いたり，感動したりしたことを，自分らしい仕方で言葉に表現する。それが言語発達の基盤なのである。子どもの生活において間接的体験の占める割合が増大することは，生き生きとした言語表現を子ども自身が生みだす機会が減少することを意味する。それゆえ，保育者には間接的体験をいかにして豊かな言語表現につなげてあげるかが問われるのである。

2．都市化と言葉の問題

（1）都市化の状況

現代社会では，日本に限らず，急速に都市化が進行している。開発を目的に，山林が切り崩され，海が埋め立てられる。工場やビルなどが次々と建設される。地面はコンクリートやアスファルトで覆われる。都市と同様の景観が，農村部や山村部に広がっていく。

都市化は，単に建物ができるだけではない。そこでの生活を快適にすることを目指す。そのために暮らしの中に機械が大量に入り込んでくる。電車，自動車，飛行機などの交通機関はもちろん，家庭電気製品は欠くことができないものとなっている。これらの機械を働かせるためには，多くの二酸化炭素を生み

だすことになる。二酸化炭素は地球の温暖化をもたらすといわれる。こうして，私たちは暮らしを快適にするために自然を破壊し，人工の環境を増大させているのである。

　身近なところに目を向けてみると，子どもたちの身の回りから自然が減少していることに気付く。都市化された地域では地面が見られない場所が増えている。空き地もアスファルトが敷かれ，駐車場になっている。小川もなくなっている。川があっても，コンクリートで護岸工事がなされていることが多い。

　こうして，子どもたちの周辺から自然が消えていく反面で，人工の遊び場が提供されている。ゲームセンターや，大型の遊園地などが子どもたちを引き付けている。そこでは，自ら遊びそのものを生みだす必要はなく，ただ予め用意された遊びを享受するという受動的な生き方をするだけで，十分に楽しめるのである。

　このように，都市化が進行する社会においては，子どもたちが自然に触れる経験ができにくくなっている。そして，代わりに与えられる人工の遊び環境の中で，子どもたちはそれを享受することに終始し，創意工夫して遊び環境そのものを作り出す経験も減少しているのである。

（2）自然により心を揺さぶられる体験の減少

　日常生活において，子どもたちが自然に触れることが少ないということは，心を揺さぶられる体験をする機会が少ないことを意味する。

　自然にかかわることで子どもたちは諸感覚を刺激され，様々な発見をし，驚いたり，感動したりする。例えば，夏は小川の水は心地よい冷たさを感じさせる。ところが，冬になると，それは，刺すような冷たさであり，切るような冷たさである。一方，井戸の水は，夏は冷たく，冬は温かく感じるものである。このような違いは直接それに触れてみて初めてわかるものである。そして，それに触れた体験は，驚きと発見をもたらし，子どもの身体に染み込んだ記憶として残るのである。

　また，樹木や花などの植物に四季を通してかかわることで，子どもたちは，

芽が出て，葉が伸び，花が咲き，やがて枯れていく過程を体験することができる。あるいは，木々に青葉が茂り，秋に紅葉し，冬に落葉し，春に若葉が出るという循環過程を体験することができる。これは，自然の力がもたらす命の営みを知ることである。こうした体験は少なからず子どもたちの心を揺さぶり，心に残るのである。

　このように，子どもたちは自然とのかかわりの中で，心を揺さぶられる体験をする。それが子どもの口から，「冷たい！」「すごい！」という言葉となって出てくるのである。そして，感動はそれを人に伝えたいという気持ちをもたらす。つまり，表現したいという意欲が生じるのである。さらに，例えば，冷たさについても自分の身体感覚を通して「手を切るような」とか「刺すような」というように，さまざまに表現できることを理解するのである。そして，そのような表現力を身に付けるのである。

　このように，自然とのかかわりは言葉の発達にとって重要なものなのである。それゆえ，日常生活の中から自然とのかかわりが減少していることは，言葉の発達にとっても無視できない問題なのである。

（3）人間関係の稀薄化

　都市化が進行することは，住民の移動を活発にする。つまり，地域の住民の入れ替わりが激しくなるのである。高層のマンションが建設されれば，一度に多くの新しい住人が移り住んでくる。仕事の関係で頻繁に転居する人も多い。都市部は，始終，新しい住人が入ってきては，別の人が転出していくことを繰り返している。このことは地域の人間関係が安定しないことを意味する。同時に，人間関係が深まらないことをも意味する。

　近年，育児不安が社会問題となっているが，その要因の一つは家庭が孤立していることである。つまり，隣近所の付き合いがないということである。そういう傾向が広がってきているのである。新たに移り住んできた住人は，そもそも近所付き合いはしていない。それに加えて，最近の若い世代には，面倒な近所付き合いを敬遠する人が多い。また，地域の住人としての意識が乏しく，自

分の家庭・自分のことしか目に入らない人も多い。例えば，地域の共同作業に参加しない人や，指定の曜日や時間を無視してゴミを収集場所に出す人がいる。つまり，地域の生活ルールやマナーを守らず，自分勝手な行動をする人も多いのである。

これらのことは，地域の共同体を脆弱なものにし，互いに助け合ったりするような深い人間関係を喪失させる。それは，子どもの言葉の発達にも，好ましくない影響を与えうる。なぜなら，言葉は人と人のかかわり合いの中で育まれるからである。

例えば，「おはよう」のあいさつ一つにしろ，それはそのようなあいさつを交わし合える人間関係が存在していることで，自然になされるものである。人間関係が稀薄であれば，そのあいさつを交わす必然性も必要性も存在しない。したがって，あいさつも含めた社会的な行動が身に付かないで大人になる可能性が高くなるのである。現実に，若い人の中には，場面や状況に応じて言葉を使い分けることのできない人も多い。

言葉は人間関係を深め，人と人をつないでいくものである。そして，そのような言葉は人びとのかかわりの中で，身に付いていく。それゆえ，地域の人間関係が稀薄であることは，人間関係を形成し深める言語能力が日常生活の中で十分には育たないのではないかという懸念を生むのである。

（4）地域文化の衰退

地域の人間関係が稀薄になることは，地域文化をも衰退させることになる。なぜなら，地域文化は地域の住人たちにより支えられ育まれるからである。

地域社会には，古くから伝えられてきた伝統的な祭りや行事がある。それは文化の一つの形態である。その地域に生まれ育った人たちは子どものときからそれに親しみ，それを催してきた。そして，人びとは，それらに親しむことを通して，しきたり，価値観，社会的な行動の仕方などを身に付けてきた。

言葉を学び身に付けることは，文化を身に付けることと同じである。なぜなら，人間にとって言葉は自分が生活している地域社会の中で，そこで暮らす人

びとにより使用されるという仕方で存在しており，人びとが文化を伝え共有する際には，何らかの形で言葉を媒介とするからである。したがって，地域文化に親しむことは，言葉の感覚や表現の仕方，微妙な言葉の意味の相違などを始め，文化に表れた人びとの精神を身に付けることなのである。

　例えば，昔は，町内を金魚売りなどの物売りが通ったものである。彼らは独特の言葉の言い回しや調子で，物売りの言葉を言いながら売り歩いた。その言葉の言い回しなどは，人びとの中に日本語の一つの感覚として染み込んでいった。これと同じように，地域文化は生活の中に生きていることを通して，子どもたちの言葉の発達に影響を与えてきたのである。

　ところが，近年，地域社会が崩壊することに伴い，祭りに参加する人が減少しあまり盛り上がらなくなったところが多い。地域の伝統文化を守るために，ことさら保存会を設けなければならないほどである。生活の中に地域固有の文化が見えなくなることは，やがて子どもたちの価値観や言葉の感覚に変化をもたらすのではないかと懸念されるのである。

3．現代の人間関係と言葉の問題

（1）心を通わす他者との交流の大切さ

　子どもの言葉の発達は，生理的な成熟により自然に起こるわけではない。言葉が使われ話されている環境とかかわることによって，初めて実現するのである。「言葉が使われ話されている環境とかかわる」とは，他者と交流することに他ならない。ここで言う「他者」とは，「他人」のことではなく，「自分以外の人」のことである。例えば，子どもにとって「自分の親」は他人ではないが，他者である。

　子どもは周囲の人びととかかわることを通して，言葉を覚え，様々な言語表現の仕方を身に付けていく。その際，大事なことは，子どもが周囲の人びとと心を通わすようなかかわりをすることである。なぜならば，自分の気持ちが相手に伝わっていると実感でき，そして相手の気持ちがわかり，互いに共感でき

るということが，人に話しかけようとする気持ちと相手の話をよく聞こうとする気持ちを高めるからである。すなわち，「心のこもった会話」こそ，子どもの言葉を育てるのである。

　例えば，忙しさのあまり，保育者が子どもの話しかけにしっかり耳を傾けることをせず，機械的でおざなりの返事しかしなかったならば，子どもは保育者の対応に熱意のなさを感じ，それ以上は話しかけたくなくなるだろう。それとは逆に，保育者が子どもの小さな声にもしっかり耳を傾け，その子どもの気持ちを理解した返事をするなら，子どもは嬉しさを感じ，その保育者ともっと話をしたいと思うだろう。前者の場合，子どもと保育者の心は通っていない。一方，後者の場合は，子どもと保育者は心を通わせる交流をしているといえるのである。

　このように，他者と心を通わせることにより，子どもは心のこもった会話をするようになるのである。心のこもった会話ができるようになることこそ，他者と支え合って生きていく人間にとって大事なことなのである。

（2）核家族における問題
1）言葉の経験の狭さ

　親と子どもという2世代だけで成り立っている核家族は，年々増えていく。この傾向はおそらく止まることはないだろう。

　核家族においては，子どもが経験する大人との関係は「親子関係」である。祖父母との関係や，おじやおばとの関係は経験できない。つまり，子どもが言葉を学ぶモデルとなるのはほとんど親だけなのである。それは，言葉の経験としては狭いものとなることを意味する。

　現在の若い世代（例えば，20歳代）の言葉と60歳代の言葉を比べてみれば明らかであるが，言語表現や言語感覚にかなりの違いがある。例えば，一般的に若い人ほど敬語表現ができない。また，若い世代は流行語には敏感であるが，日本語のもつ豊かな語彙は知らないことが多い。一方，高齢者は流行に左右されず，昔ながらの日本語の表現を大事にしている。

28　第2章　言葉にかかわる現代社会の課題

　子どもが豊かな言語表現を身に付けていくためには，豊かで多様な言葉の経験をする必要がある。かつては，家庭の中で豊かな言葉の経験が可能であったのだが，現代においては，家庭での言葉の経験が狭くなっているのである。

2）煮詰まった親子関係

　さらに，育児不安とか育児ストレスという言葉をよく耳にするように，核家族化が親子関係を緊張に充ちたものにする可能性が高い。家庭生活が外部に開かれていないために，親子の関係が緊密になりすぎ，息苦しいものになってしまうのである。

　核家族は，親と子どもだけの生活であり，しかも，隣近所との付き合いがあまりないと，親も子どもも両者のかかわりにのみのめり込んでいく。祖父母がいれば，両者の間に入り，親子ともに気分を転換させることもできる。ところが核家族の場合には，親子の気分転換が難しいため，両者の関係が煮詰まり，息苦しいものとなりうるのである。それが育児ストレスの一因であろう。

　親子関係が緊迫したものになれば，当然，子どもは親の前で緊張するだろう。親も，ついつい子どもにきつく当たってしまうだろう。そうなれば，本来，言葉の育ちにとって大事な親子の心の通い合いが減少することになるのである。

（3）少子化における問題

　核家族化とともに現代の子どもの人間関係に大きな影響を与えているのが少子化である。少子化は子どもの言葉の育ちにとっても無視できない問題である。

　一家の子どもの数が減少するということは，地域社会の中で友達ができにくくなることを意味する。現代では，子どもたちが同年齢の友達や異年齢の友達と群れをなして遊ぶことがなくなりつつある。学齢期の子どもたちは学校で友達とかかわることができるが，幼児期の子どもたちの場合は，幼稚園や保育所等に通わない限り，日常の生活において，十分な友達関係を経験することはきわめて困難なのである。幼稚園や保育所等に通っていない子どもたちの場合，彼らは親と過ごすか，あるいは公園などで，親の仲立ちで他の子どもと多少か

かわることくらいしかできないのである。

　子どもの言葉は，友達同士のかかわりの中で急速に育っていく。なぜなら，友達と遊ぶということは，コミュニケーションをせざるをえない状況に身を置くことを意味するからである。コミュニケーションをせざるをえないから，自ら友達に話しかけるし，友達の言うことも聞こうとするのである。こうして，子どもは友達と遊ぶことで，言語表現力を磨き，相手の言うことを理解できる力を身に付けていくのである。それが，本来，言葉の発達の自然なプロセスなのである。

　少子化は，このような，子ども同士のかかわりの中で鍛えられ身に付いていくコミュニケーション能力を育ちにくくするという問題をもたらすのである。実際に，大人とのかかわりしか経験していない子どもは，友達とコミュニケーションする力があまり育っていないために，幼稚園や保育所等の集団生活の場に入ったとき，友達とうまくかかわれないことがよくある。また，小学校で，教員の話を聞けない子どもが目立ってきたことが問題となっている。これは，互いに相手の話を聞き，自分の思いを伝えるという，コミュニケーションの基礎が育っていないことを示すだろう。コミュニケーションの基礎は，他者と互いに理解し合う経験を通じて育つ。それゆえ，なおさら集団生活の場のもつ意義は大きいのである。

（4）地域の人びとと交流することの少なさ

　第2節で，都市化の問題として，人間関係の稀薄化を指摘した。そして，地域の人間関係の稀薄化により人間関係を深める言語能力が育たないことを指摘した。そのことをさらに考えてみよう。

1）心を通わすことが少ない

　地域の人びとがあまり交流しないということは，子どもたちが様々な人びと（高齢者，いろいろな職業の人，異年齢の子どもなど）との人間関係を深めないことを意味する。人間関係が深まらないことは，心を通わすことがないということである。通り一遍のあいさつや決まり文句を交わすだけの付き合いで

は，深く心を通わすことは起きない。なぜなら，それは儀礼的な付き合いにすぎないからである。

例えば，買い物に行く場合を考えてみよう。人びとが近所の店で買い物をすることが日常的であった頃は，店の人は子どもたちにも気さくに話しかけ，いつの間にか親しくなった。そして，子どもたちは店の人に学校のことや友達のこと，家族のことなど，個人的なことも話したものである。ところが，現在では，多くの人は郊外の大型スーパーや全国展開しているコンビニで買い物をする。このような店では，人びとは単に客と店員という形式的なやりとりしかしない。個人的な会話をすることはないのである。それゆえ，「売り買い」のための必要最小限の言葉しか交わさない。

前者の場合は，子どもたちも店の人も，嬉しさや楽しさ，思いやりなどを感じることができる。すなわち，心を通わす経験ができる。しかし，後者の場合には，そのように心を通わすことはありえない。逆に，売買をめぐるトラブルで嫌な思いをさせられることさえある。

本来，言葉とは，例えば親しい友達同士の間で会話が弾むように，人と人とが心を通わす関係の下で育つものである。心を通わすから，心のこもった言葉が発せられるのであり，そこから様々な表現も生まれてくるのである。したがって，地域の人間関係が稀薄であることは，地域が言葉を育む環境でないことを意味するのである。

２）様々な日本語の表現に触れる機会が少ない

日本語は，季節や自然を表す表現にしろ，人間関係を表す表現にしろ，豊かである。例えば，日本語には敬語表現がある。同じことを言うにしても相手と自分がどのような関係であるかにより，私たちは表現の仕方を変える。親しい関係か疎遠な関係か，身内か他人か，相手が年長者か同年齢か年下かなどにより，表現は微妙に違うのである。

そのような表現力は，子どもたちが実際にそのような表現の必要な状況に身を置き，実践する以外には身に付かない。本来，地域には様々な人びとが生活していた。そのような人びとと日常的に交流することは，状況により異なる表

現の仕方を学ぶよい機会であった。しかし，地域の人びととの交流がなくなってきている現在では，地域が様々な表現を学ぶ場所にならないのである。このことは，敬語表現だけの問題ではなく，それ以外の日本語の表現にもいえる。

4. 国際化社会における言葉の問題

（1）国際化の状況

　現代は地球規模で物事を捉えなければならない時代である。つまり，人びとも物も情報も国境を越えて，行き交っているのである。

　まず，外国の人びとが私たちの身の回りに多くなってきている。私たちも海外旅行や仕事，留学などで外国に出かけていくことが多い。すなわち，私たちは様々な場所や機会に外国の人と接する可能性があるのである。子どもたちも同じ状況にある。実際に，幼稚園や保育所等に外国の子どもが入園するようになっている。そのことは，私たちが外国の言葉や文化に触れる機会が増えていることを意味する。

　さらに，外国の幼稚園，小学校などで教育を受けた日本人の子どもたちが日本に戻ってくることも多い。いわゆる「帰国子女」と呼ばれる子どもたちである。彼らは外国の文化を多少なりとも身に付けているのであり，そのことが日本の学校への適応を難しくすることもある。

　また，外国の芸術作品，書籍，芸能，生活様式なども日常生活の中でありふれたものになっている。日本語化した外国語も多い。私たちが耳にする音楽はほとんど洋楽であるし，好んで洋画を見る。そして，生活は，食事にしろ，ファッションにしろかなり欧米化されている。

　このように，現代では，私たちが外国の言葉や文化に触れる機会が非常に多いのである。むしろ，外国の言葉や文化は私たちの生活の中に深く浸透しているといえるのである。

32　第2章　言葉にかかわる現代社会の課題

（2）異なる文化の相互理解

　上述のように，国際化社会とは様々な文化の下に育った人びとが交流する社会である。それは異なる文化と文化の交流といってもよい。異なる文化同士が交流する場合，当然のことであるが，互いに相手の文化を理解する必要がある。

　文化はその下で育った人が身に付けているものなので，文化を理解するとは，要するに人と人とが理解し合うことにほかならない。ただ，それは，文化の違いを意識した上での他者理解なのである。

　異なる文化を理解することは，その文化を育んだその民族特有の精神を理解し，尊重することである。すなわち，もののとらえ方，感じ方，考え方，宗教意識などを理解することなのであり，それを認めることなのである。「人間は平等である」といわれるように，文化と文化の間にも優劣は存在しない。どの文化も固有の価値をもっているのであり，本来，文化と文化を比較して序列化することはできない。

　ところが，現代の国際紛争においては，自国の文化とは異なる文化を忌み嫌い，それを破壊しようとする態度が見られる[*1]。国際紛争は長い歴史をもっており，原因も複雑であるため，国民感情もこじれている。それゆえ，紛争中の国の人びとや過去において紛争を経験した国の人びとの中には，相手国やその文化を忌み嫌うほど強い敵意や憎悪を抱いている人もいるのである。

　そのような現代であるからこそ，私たちは国際平和を実現するためにも，幼いときから異なる文化を理解しようとする態度を養う必要がある。国際化が一層進む現代において，私たちが身近に接する異なる文化から，それを理解し尊重することを実行していくことが求められているといえるのである。

（3）自国の文化を大事にすること

1）国際社会で求められること

　日本人は明治時代から欧米の文化に憧れてきた。現代の日本の政治制度[*2]にしろ，教育制度[*3]にしろ，現代日本の礎はほとんど欧米を手本にして作られたものである。明治時代の始めから，日本人は「欧米は進んでおり，日本を始め

とするアジアは遅れている」という意識にとらわれてきたのである。

　このような意識は文化全般に関して，欧米の方が日本よりも優れているという意識をもたらし，欧米文化を自分の生活に取り入れることに優越感を感じさせてきた。こうして，日本人はアメリカやヨーロッパの文化に自分を同一化することを進めてきたのである。だが，これは日本人が自国の文化を自らさげすむことにつながりかねない。

　国際化が進む世界においては，人びとが同一化し，同じような人間になることが求められているのではない。そこには創造性は存在しない。国際社会が求めるのは，様々な民族や国民がその独自性を発揮して他の民族や他の国の人びとと共同し，新たなものを生みだすことなのである。いたずらに他文化を崇拝し，自国の文化をないがしろにすることは，国際的な視野からすれば，愚かなことなのである。それゆえ，私たちは日本の文化を自覚し，それに誇りをもち，次世代に伝え，大切にする必要があるのである。

2）日本語を身に付ける大切さ

　国際化社会ということで，まず私たちの関心を引き付けることは，英語の習得であろう。日本人は英語が苦手であるという認識も手伝い，最近では，幼児を対象とした英語教室がにぎわっている。まだ日本語が片言しか話せない時期から，子どもを英語教室に通わせる親も多い。また，幼児を対象とした英語のDVD なども多数販売されている。コマーシャリズムに乗せられた親たちは，我が子を少しでも早くアメリカ人のようにしようと考えるのであろうか，英語の早期教育に熱心になるのである。

　これには一つ大きな落とし穴がある。それは，一般の多くの人びとが，言葉を「コミュニケーションの道具」としてしか認識していない点である。親が子どもに英語を身に付けさせようと思うのは，外国人とコミュニケーションする

＊1　例えば，2001（平成13）年9月11日にニューヨーク貿易センタービルに飛行機が激突する同時多発テロが起きた。それ以来，アメリカを中心とする欧米社会は，アメリカに憎悪を抱き，テロ攻撃を続けるイスラム世界の一部と対立を深めている。
＊2　衆議院を制する政党が内閣を組織するという日本の議院内閣制度はイギリスを模範としている。
＊3　1872（明治5）年に制定された「学制」は欧米の学校制度を参考にしたものである。

ために必要であると考えるからである。しかし，言葉というものはコミュニケーションの道具以上のものなのである。

　言葉はそれぞれの文化の中で育まれてきたものである。そして同時に，私たちは言葉により文化を生みだし伝えてきた。つまり，言葉と文化は緊密に結び付いているのであり，言葉には文化が染み込んでいるのである。それゆえ，言葉は人の感じ方や，認識の仕方，考え方などを形成しているのである。日本人の感じ方や，もののとらえ方などは日本語により左右されている。したがって，どの言語を母国語として身に付けるかは，人間にとって重要な問題なのである。

　また，日本人の感じ方や考え方を身に付けているということは，自分が「日本人であること」を自覚させる。つまり，日本語を母国語として身に付けることは，日本人としての自覚をもつことなのである。人間にとって，自分が何者であるのか（どの国の人間であるのか，どの民族の人間であるのか）ということは大きな問題である。なぜなら，それが明確であることで，私たちは自分の属する場所をもつことができるからである。いわば「民族への所属意識」とでも言える意識をもつことができるのである。それが私たちに拠って立つための土台を与えてくれ，私たちの気持ちを安定させてくれるのである。

　筆者がかつて教えた学生の中に，アメリカからの帰国子女の女性がいた。彼女は，「私日本語が変なのです」とよく言っていた。日本語の微妙な感覚がわからないというのである。彼女の場合，日本人なのに日本語が変だと感じているのだから，日本人としての自信と確信が弱いといえるだろう。それが，アメリカ人でも日本人でもないという曖昧な不安定感をもたらしていたのではないかと思われるのである。

　このように，日本語を母国語としてしっかり身に付けることは，日本人にとっては重要なことなのである。したがって，私たちは子どもたちに母国語としての日本語の土台を十分に培ってあげることを第一に考えなければならない。そして，そのことが日本の文化を子どもたちが身に付ける基礎にもなるのである。

第3章
子どもにとっての言葉

1. 子どもの言葉との出会い方

(1) 出生から喃語までの時期

　子どもが「アーウー」と意味のない音を出しているな，と思っていると，あるとき「マンマ」と食事中に言い，驚かされることがある。それからしばらくすると，「ブーブー」「わんわん」「ねっ！」といろいろな言葉を口にするようになる。子どもの高い学習能力には目を見張るばかりであるが，子どもは一体どのように言葉を習得していくのだろう。

　親は，生まれたばかりの子どもにも言葉をかけている。生後間もない子どもが言葉を理解できると思っているわけではないが，自分にとってかけがえのない大切な存在，一人の人格をもった人間として接するからである。子どもが泣けば，「あー，よしよし，大丈夫よ」と言い，ミルクをやるときには「おなかがすいたね。はい，ミルクよ」と言い，おむつが濡れれば「おしっこ出たね。今，替えてあげるね」というように声をかけずにはいられないのである。

　さらに，子どもが生まれる前から話しかけている親も多い。おなかの中にいる赤ちゃんに"胎児ネーム"をつけて，「○○ちゃん，キックしたね。上手！」「パパの声，聞こえたかな？」など，おなかをさすりながら話しかける。科学的には，赤ちゃんの耳に届く音はわずからしいが，親が子どもを愛おしく思い，自分が親であることを自覚していくことには効果があるだろう。それは，子どもとのコミュニケーションとして重要なことである。この段階から，まだ見ぬ

36　第3章　子どもにとっての言葉

我が子との関係を形成していくのである。

　2, 3か月経つと，母親と目を合わせたり，本能的微笑（社会的微笑）といわれる微笑みを見せたりする。それだけでも母親は嬉しくなり「○○ちゃん」と何度も呼びかけ，子守歌や遊び歌を歌う。子どもは母の声を次第に覚え，穏やかで優しい声の調子を聞くと，安心感を覚えるようになる。反対に，悲しい声，怒った声は子どもを不安にさせ，泣き出すということが起こる。泣く以外に「アー」「クーン」など，やわらかな音声を発し始めるのもこの時期である。これはクーイングと呼ばれる。

　生後5, 6か月くらいになると，複雑な音声が出せるようになる。「ンマ」「パパパ」「デンデン」「バブバブ」など，様々な音を試すように，一人遊びのように発せられることが多い。いわゆる喃語（なんご）と呼ばれるものである（第7章 p.128参照）。すると母親は「あら，お話しているの？」とにっこり抱き上げたり「上手ね」と嬉しい声をあげたりする。すると，子どもも嬉しくなり，また声を出す。微笑みを交わしながら，いろいろな音声を出すことを経験する。同時に，子どもは声を出すことの心地よさも経験している。

　また，この頃の音声は，カタカナで書こうとしても書き取れない音である。まだひとつの言語体系にとらわれていない子どもの可能性の大きさを実感する。そしてこの後は，次第に母国語へ引き寄せられた音声を獲得していくのである。

（2）物と言葉の一致

　「マンマね」と食事の時，語りかけていると，子どもは「食べるということの周辺」を「マンマ」というものだと認識する。食事中も食べ物をさして「マンマ」と言う。また，おなかがすいたとき「マンマ」と言ってみる。食べさせてもらうと，「マンマ」と言えば食べ物がもらえるということが確かになる。何度も繰り返すうちに両者の結び付きが定着し，おなかがすいたら「マンマ」と言うようになる。この頃口にする「マンマ」という言葉は，「食べ物」をさしたり「食事」の意味だったりすることが多い。

子どもが初めて発した意味のある言葉を初語という。1歳前後に出ることが多い。

9か月から1歳にかけての指さしの時期，「あ！」と言いながら目についたものを，何でも指さす。親が「ああ，いすね」「それは，電話ね」と一つひとつ答えてやると，すぐに言えるわけではないが，何度も聞いているうちに覚え，「いすは？」と言うと，指させるようになってくる。

1歳を過ぎると，絵本に興味をもつようになる。身近なものや食べ物，動物などの絵本を好んで持ってくる。絵を見せながら「リンゴ」「バナナ」「メロン」と物の名前を言ってやると，次第に絵と言葉を一致させられるようになる。

童謡や子どもの歌も，子どもは好んで聞く。聞こえた音を口まねし，「きらきらぼし」の「きらきら」の部分だけを歌ったり，最後の「星よ」の「ヨー」だけを音楽に合わせて言ったりする。

子どもが言葉と出会うのは，常に具体的な状況においてである。リンゴやバナナと出会うことはできるが，「くだもの」と出会うことはできない。まずは目に見える具体的な物との出会いが，名詞という言葉との出会いをもたらす。また，積木が積めて手をたたいて喜んでいるとき，「うれしいね」というと，この感じが「うれしい」なのかと受け止める。「おいしい」と「まずい」という言葉も，何度も具体的な食事の場面で使っていくと，気に入らない食べ物は「まずい」と言って口から出してしまうということが起こる。

1歳半頃になると，「いすは？」「ママは？」と問うと，指をさして答えられるようになる。つまり，ものには名前があるということを理解しているのである。絵本を見ながら，「ゾウ」「キリン」「カバ」と指さしていくのも楽しい遊びだ。それら動物の特徴を理解して，名前を当てはめているのである。「動物をたくさん知っているね」「上手ね」とほめると嬉しそうに笑い，また指さすことを繰り返す。

（3）様々な言葉の使い手との出会い

子どもは，主たる養育者とのみ，かかわりをもつわけではない。父親，兄弟，

おばあちゃんが遊びに来た「おおきくなったね」

　姉妹，祖父，祖母等，同居している家族とのかかわり，訪ねてくる人びととのかかわり，出かけた時に出会う人びととのかかわり等，いろいろな人びととのふれあいの中で，子どもは育つ。それぞれの人はそれぞれの声をもち，それぞれの口調で話す。使う言葉も調子も微妙に違っている。子どもはいろいろな声を聞くうちに，家族を中心に誰の声かを次第に聞き分けられるようになる。それぞれの人の使う言葉を耳にし，その状況と言葉が子どもの中でピタッと一致したとき，その言葉は身体の中にしみこんでいくのだろう。自分にぴったりはまるもの，言いやすいものを子どもは上手に取り込み，自分の言葉にしていく。
　筆者の義父は，お礼をいうときに「どうも」と言うことが多い。子どもからものを受け取るときにもお辞儀をしながら「どうも」と言っていた。子どもは何度もその姿にふれているうちに，何かをもらったら「どうも」と言うようになった。「ドーモ」ということばの響きが面白かったのかもしれない。筆者は「ありがとう」と言ったり「サンキュー」と言ったりしたが，それよりも，義父が使う「ドーモ」の方が子どもにはしっくりきたのだろう。
　このように，様々な人と出会うほど，子どもは様々な言葉に出会うチャンスがある。そのことにより，子どもの使う言葉も豊かになっていく。

2．言葉のはたらき

（1）伝達の手段

　言葉を使えるようになると，他者と思いを伝え合うことができるようになる。

　言葉を思うように使えない1歳児は，ほしいものは人が持っているものであっても，黙って取り上げようとする。取られた子どもは大泣きすることもあるし，また取り返しに行く場合もある。トラブルはつきない。しかし，言葉が使えるようになると，「それ，貸して」と言えるようになる。「それで，遊びたいの」「私も使いたいの」と言えるようになる。貸したくなければ「今，使っているから，だめ」「後でね」と言うこともできる。

　このように言葉を使うことにより，人は相手に自分の思いを伝えたり，相手の思いをある程度，理解することができるようになる。また，「一緒に遊ぼう」「いいよ」と言って，相手と心を通わせることもできるようになり，人と一緒にいることの楽しさも感じられるようになる。

（2）思考の手段

　私たちはものを考えるとき，頭の中で言葉を使って考えている。明日の保育室の環境はどのように準備しようかな，○○ちゃんは何に興味をもつだろう，今日のお昼は何を食べようかなと，あらゆることを日本人は日本語で，中国人は中国語で，フランス人はフランス語で考えている。

　つまり，言葉をもっているからこそ考えがはっきりし，人は論理的に筋道を立てて考えることができるのである。新しい考えがひらめくのも，みんなを感動させる小説が書けるのも，言葉の獲得があってこそである。

　また，あの人は今どのような気持ちだろうと考え，相手の心の痛みが感じられるのも思考というはたらきがあるからである。ただ，その人を外面からながめているだけではわからないことを，その人が過去に経験したこと，現在の表

情や行動など，すべてを総合して想像力をはたらかせることによりその人の気持ちを推し量ることができるのである。「悲しいだろうなあ」「泣きたいだろうなあ」と言葉でその人の気持ちや思いを理解しているのである。

（3）行動調節の手段

人は言葉によって，自分の行動を調節することができる。私たちは本能のままに生きているのではない。人に迷惑をかけないように，社会的な規範を侵^{おか}さないように，理性に導かれて自分を律している。その際，「だめだめ，ここは我慢」と自分に言い聞かせたり，心の中でつぶやいたりしている。

また，人は自分の言葉に励まされることがある。例えば，予防注射の列に並んでいるとき，逃げ出したいという気持ちをかかえて，黙っていると不安に押しつぶされそうになるが，「痛くない，痛くない」と呪文のようにつぶやくと，立ち向かう勇気が生まれてくることもある。

ホームで駅員が安全に電車を発車させるために，「前方確認，後方確認」と指さししながら声に出している風景はよく見かける。これも，自分の行動を調節している姿である。言葉に出すことで，確実に確認することができるからである。

このように，言葉にして言うにしろ，心の中でつぶやくにしろ，人は言葉によって理性的に自分の行動を調節しているのである。

（4）世界を広げること

新しい言葉をひとつ覚えることは，今まで知らなかった世界をひとつ自分のものにすることである。言葉をひとつ覚えることによって，今まで見えなかったものが見えたり，感じることができなかったものを感じられたりするからである。

ミカンを食べて，あの甘酸っぱさを経験した子どもは，「ミカン」という言葉を聞いただけで，「ミカン」の姿が浮かび，甘酸っぱい感覚が口の中に広がるだろう。ゾウを見たことのある子どもは，「ゾウ」と聞くと，巨大なゾウが

のっしのっしと歩く姿が想像できるだろう。

　言葉による世界の広がりを感じられるのは，子どもばかりではない。日本人は，雨に対してたくさんの言葉をもっている。五月雨，春雨，夕立，土砂降り，霧雨など，季節や雨の状態によって使い分けている。これは，アメリカ人にはわからない感覚であろう。それだけ，雨に対して豊かな感覚をもっているということである。「素材の点では同一であるが，これらの諸現象にそれぞれ違った名称が与えられているのは，そのほうが人が生活していくのに便利だからである。」[1] と鈴木孝夫はいう。イヌイットは，何十種類もの水・氷にまつわる言葉をもっているという。氷の状況を詳しく知ることが彼らの生活の上で非常に重要だということが察せられる。私たちには感じ取れない水や氷の違いを感じているのである。つまり，言葉が与えられていることにより，現実がそのように見えてくることがわかる。

　また，「驚く」を表す言葉はたくさんある。「びっくりする」「ぎょっとする」「たまげる」「息を呑む」「目を丸くする」「目を見張る」「開いた口がふさがらぬ」「胸をうたれる」など思いつくが，他にもまだ違う表現はあるだろう。よく似た言葉だが，それぞれの表現にそれぞれの味があり，微妙に感じが違う。いつも自分が使わない言葉に出会うと，このような言い表し方もあるのかと新鮮に感じられる。このように，微妙な違いのある言葉を知ったり，多様な表現ができたりすると，私たちの世界は豊かに広がっていくのである。

（5）物や行為に意味を与えること

　まず，「物に意味を与えること」について考えよう。本来の使い方がある物は，すでに意味をもっている。コップは「水を入れて飲むもの」である。しかし，花瓶代わりに「花を挿す」という意味が与えられることもあるし，紙が風で飛ばないように重りとしての意味が与えられることもある。それらの意味は言葉により与えられているものである。

　子どもの世界では，例えば本に載っていないような自由な取り方であやとりをしていると，子どもはあやとりのひもの形を自由に見立て，「ちょうちょに

なった」「あっ，今度はエプロン」と独自の発想で命名する。そのように言葉に出して言われると，その場にいる者は，ひもがそのような物として見えてくる。

このようなことは，子どもの遊びの中でよく見られる。砂遊びでも，箱で何かを組み立てる場合でも，命名自体がひとつの遊びとなっていることがよくある。これは，見立てて遊ぶことにつながっていく。葉っぱを皿に見立てて使ったり，縄跳びをヘビに見立てて踏まないように跳んだりするのである。

次に，「行為に意味を与えること」についてである。言葉には，行為に意味を与えるというはたらきがある。これは，ひとつの具体的な行為を，「〜のために〜をしている」と認識することである。人が街角で手を挙げているのは，タクシーを止めるためかもしれないし，はたまた頭上のハエを追い払っているのかもしれない。見る人によって，意味の与え方は違ってくる。

事例3－1

保育者がこまを回していると，4歳児のテツヤがそっと手をのばして触れ，こまを止めてしまうことがあった。「せっかく回したんだから，止めないでよ」と，何度か言ったが，テツヤはまた止めてしまう。次に回したとき，テツヤはまたこまに手を近づけた。

「ありがとう。テツヤくんは先生のこまが止まらないように守ってくれているんだね」テツヤはきょとんと私を見たが，次の瞬間，両手でこまを守る防壁を作り，回り続けるこまをじっと見つめた。

この場面では，保育者が子どものこまに手を伸ばすという行為に「こまを止めようとする」という意味ではなく，「こまを守ろうとする」意味を見たとたん，子どもの行為は変わっている。同じ行為にそれまでとは違う意味を与えたことで，その子のあり方が変わり，行為まで変えてしまうという言葉のはたらきがあることがわかるだろう。

3. 言葉が開く新しい世界

（1）人とのかかわりの世界

　言葉によるコミュニケーションで，人は相手と心が通う関係をつくることができる。その関係がますます深まり，お互いに素晴らしい影響を及ぼし合うこともある。また，多くの人々と出会い，広く関係を結ぶことで，自分一人の力ではどうにもならないことが，関係を結んだ多くの人々のおかげで成就できることもありうる。

　朝，幼稚園で「おはよう」と前を歩いている友達に声をかける。その子は振り向き「おはよう」と笑顔で返す。何気ない朝の一こまであるが，「おはよう」という言葉が相手に届き，相手の行動を変えさせている。前を向いて歩いていくという行動を中止させ，振り向くという行動を引き起こしている。そして，「おはよう」と言葉を返す，ということまでさせている。両者が心のつながりを感じていれば，微笑み合うということも起こる。黙っていては，開かれない人とのかかわりの世界がそこにはある。声をかけなければふれあわなかった二人，素通りだったかもしれない二人が，言葉を交わすことによってお互いに親しみをもつことができるのである。

> **事例3－2**
> 　「ここ，通っちゃだめ！」いきなりユウタに言われて驚いた。そこにはいつもと同じパーテーションの溝があるだけである。「どうして，だめなの？」と問うと「だって，ここ，線路なんだもん」と答える。見ると，ユウタは手に空き箱で作った電車を持っていた。なるほど，ユウタはこの溝を電車のレールに見立てていたのか，とやっと納得した。

　このように，言葉を交わすことによって，なぜ止められたのかを理解することができる。相手の見ている世界を知ることができるのである。そして，大人が「私も電車持ってくるから，入れて」と，子どもの見ている世界に加わるこ

とも可能になるし，子どもが受け入れれば，大人の見ている世界を重ねて遊ぶことも可能となる。

（2） ものや自然とのかかわりの世界

　言葉を使ってものや自然をとらえて表すことにより，ものや自然に対するかかわり方や感じ方も変わってくることがある。

　普段はあまり気にすることのない風だが，鬼ごっこなどで十分走って汗が流れているとき木陰のベンチに座ると，そよ吹く風はとてもさわやかで気持ちがいい。「そよ風が吹いて，気持ちいいね」「涼しいね」と言うと，そこにいる者にはその風が「そよ風」として認識され，経験されることになる。

　3月，コートを着て園庭に出る。陽だまりの暖かい風がほほをなでる。「あら，これは冬の冷たい風じゃないね。きっと春風だね。春を運んでくるんだね」と言う。子どもたちはうなずき，春が近いことを実感する。

　同じ風でも，その季節や状況により名前を付けることで，深く味わえるようになり，かかわりも深くなることがわかる。言葉を与えることによりそのものを特徴づけて認識し，深く味わうことができるのである。名前を知ることにより，世界がそのように見えてくると言い換えることもできるだろう。

　このようにして，子どものものや自然に対する感性は高まり，心豊かに生活できるようになっていくのである。

（3） 生き物とのかかわりの世界

　「（2）ものや自然とのかかわりの世界」と同様に，言葉は生き物とのかかわりにおいても豊かな世界へと導いてくれる。

　植木鉢をよけると，下にもぞもぞと動いているダンゴ虫。初め子どもたちは怖がったり顔をしかめたりするが，「これ，ダンゴ虫ね。クルリンと丸まって，かわいいのよね」，保育者がそう言って手のひらに乗せて見せてやると，子どもたちは興味津々で覗き込んでくる。「ほんとだ！」「私もやってみたい！」ダンゴ虫は例年，かなりのアイドルになる。「ダンゴ虫」というネーミングが見事で

ある。子どもが大好きなおいしいダンゴの名を冠し，そのダンゴみたいにまん丸になる，と子どもたちが容易にイメージできるのである。もっと取り付きにくいアメーバの一種のような奇妙な名前だったら，このように子どもたちはかかわらなかっただろう。

アリがチョコチョコと保育室に入ってくることがある。この姿を嫌がって身を固くする子どもに「アリさん，おうちへ帰るのかな。おうちでお母さんが待っているものね」と保育者が声をかけると，子どもはアリが自分に近い存在として感じられるようになり，身体の力を抜いて徐々に近づいてくる。そして，「迷子にならないようにね。バイバイ」と，友達を見送るように声をかけることもできるようになっていく。

見知らぬ生き物に突然出会うと，拒否したくなるものも多いが，親しみやすい名前だったり，保育者の親しみがもてるような言葉がけをしたりすると，子どもから恐怖心を取り除き，新しい出会いを楽しめるような効果をもたらすことがある。生き物とのかかわりが増える乳幼児期にはできるだけ開かれた出会いの場を提供したい。新しい世界との出会いがワクワクするようなものであることを願う。

（4） イメージや想像の世界

言葉は，人の想像する活動をかきたてる。ある言葉を耳にすると，その言葉に付随するイメージが頭の中に広がっていく。言葉は，イメージや想像の世界を旅させてくれる重要な案内人の役目を担っているのである。

「こんもりした暗い森」というと，どのような映像が頭の中に思い浮かぶだろうか。うっそうとした大木が多くの葉を茂らせて，昼間でも日光が地面まで届かないような感じがイメージできるだろうか。何か秘密がいっぱい隠されているような，ドキドキする感じがつかめるだろうか。

言葉はイメージを広げ，私たちを不思議な世界へと連れて行ってくれる。

次に挙げるのは，『しろくまちゃんのほっとけーき』（わかやまけん）[2] の，ホットケーキが焼けるまでの記述である。

> ぽたあん　どろどろ　ぴちぴち　ぶつぶつ　やけたかな　まあだまだ
> しゅっ　ぺたん　ふくふく　くんくん　ぽいっ　はい，できあがり

　液体となった小麦粉が，あぶくを生みながらふんわり焼けていく様子がうまく表現されている。いいにおいまで感じられそうな表現である。

　このように，言葉で状況や様子を表現することで，読み手はそれがまるで近くで起きた出来事のように，リアルに捉えられる。イメージがリアルに頭の中に浮かび，想像の世界を自由に楽しむことができるのである。言葉がなければ，このような楽しみを味わえるはずもない。

4．日常生活での言葉の体験

　子どもたちは，家庭で，保育所や幼稚園等で，いろいろな人と様々な言葉を交し合って生活している。その際，子どもたちはどのような言葉の体験をしているのだろう。具体的な子どもの姿から考えていこう。

（1）　人の言葉に触発される体験

　子どもたちが一緒に遊んでいるとき，友達の言葉に触発されて言葉が出ることがある。3歳児たちが絵本を一緒に見ているとき，一人が「この虫，見たことある」と絵を指さすと，「私も見たことある」「ぼくも見たことある」とそれぞれが言い始めるということがあった。親しい関係にある子どもたちにおいては，友達の言葉が刺激になって自分の体験も語りたくなるのだろう。保育者に聞いて欲しくて，競って話すということもよくみられることである。

　1歳児でも，友達と食事に出かけたことが嬉しくて，一人が「あらー」と言うともう一人が「あらー」と同じように言い，片方が「おいしいね」と言うと，また片方が「おいしいね」と言う，というように，お互いの言うことをまねし合うということが起きた。その時の二人の表情は喜びに満ちており，お互いの顔を見合っている。相手の言葉に触発され，同じように言うことにより，お互

いの存在を確かめ合っているようである。

　このように，子どもは好きな人や周りの人の発言に触発されて，似た言葉を発するという体験をしていることがわかる。それは，気の合う友達と同じ話題を共有したいという無意識の欲求により表れるものだと思われる。

　また，ライバルだと感じている子が「〜ができたよ」と言うのを聞くと，「私もできたよ」と，できてもいないのについ言ってしまうというケースがある。この場合も，触発されて言葉が出る体験をしているのだといえよう。

ピアノを弾くまね「ド・レ・ミー」

（2）自分の行為の意味を捉え直す体験

　大人でも子どもでも，しまったと思うこと，後悔することは誰にでもある。大人は様々な経験から，その失敗を上手に乗り越えることができるが，子どもは「目の前が真っ暗になる」という表現がふさわしい状態になりやすい。どうしていいかわからなくなり，おろおろしたりくよくよしたりする。そのような状態から自分を取り戻すために，自分の行為の意味を捉え直すことには大きな意味がある。

48   第3章　子どもにとっての言葉

> **事例3-3**
>
> 　4歳児のリカは，通りがかりに花瓶にさしてあった枝に触れ，花瓶を床に落としてわってしまった。初めは大きな音と散乱した花瓶の破片に驚いて，他の子どもたちと同様に「私じゃない」と言っていたリカだが，保育者が「先生，『私じゃない』って言う人，いやだな。人を悲しくさせるよ」と言うと，リカは「私がやったの」と泣き出す。みんなで後片付けをした後，まだくよくよしているリカに，「先生はリカちゃんが正直に言ってくれたことがとっても嬉しいのよ。失敗は先生もよくするの」と言って両手を握ると，リカはほっとした表情でうなずき，「お外，行ってくる」と園庭に駆け出した。

　この出来事に，リカは「花瓶を壊した悪いこと」「嘘をついた悪いこと」という意味をみているため，自分を責めている。保育者はこの出来事を「リカが自分のしたことを正直に言った嬉しい出来事」と捉え，それをリカに身体的にふれあいながら伝えた。するとリカはほっとした表情を見せるというように気持ちが楽になり，こわばっていた身体の力が抜けたのである。そして，「お外，行ってくる」という言葉が明るい気分で発せられたのである。

　このように，自分のした行為にマイナスの意味をみていると，子どもはくよくよといつまでもそのことにこだわり，現在を楽しく過ごせなくなってしまう。

　しかし，プラスの意味をみいだせると，次の活動に前向きに進めるようになる。引きずる思いに区切りをつけられるのである。

　人は自分の行為の意味を言葉によって捉え直すということをしている。子どもたちも自分ひとりではなかなか難しいが，保育者の援助を受けてこのような体験をしている。このような体験を重ねることにより，未来をより豊かに生きられるようになるだろう。

（3）語調（言葉の調子やリズム）を楽しむ体験

　子どもは，面白い言葉の調子やリズムに敏感である。ピコ太郎の動画作品「ペンパイナッポーアッポーペン」は流行語になり，多くの子どもたちが英語のような発音を楽しみながら繰り返していた。Pの発音の重なりが，心地よく響くのだろう。

　コマーシャルのコピーも，子どもが好んで口にすることが多い。「トントントントン，ヒノノニトン」，2トントラックのこととは知らなくても，トントンという軽快なリズムに乗せられて歌うように口ずさんでいる。

　絵本にも，繰り返しを楽しむ内容のものが豊富にある。トルストイ作『大きなかぶ』では，「いぬがまごをひっぱって，まごがおばあさんをひっぱって，おばあさんがおじいさんをひっぱって，おじいさんがかぶをひっぱって」と何度も続くフレーズを面白がっている。

　このように，子どもは日常生活の中で見つけた面白い語調を何度も繰り返して言っては，その面白さを味わっている。このような体験を重ねることにより，言葉に対する感覚をみがいていくのであろう。

（4）言葉の表情を感じる体験

　同じ言葉でも，その言葉を発するときの話す人の気持ちにより，言葉の表情が違ってくる。言葉を受ける側は，その違いを感じ取ることができる。

　「ありがとう」という感謝の言葉にも，いろいろな表情がある。満面の笑みで相手の目をしっかり見つめ喜びに満ちた明るい声で言う「ありがとう」は，本人の喜びと相手への心からの感謝が感じられる。申し訳なさそうにうつむき加減に小さな声で発せられる「ありがとう」は，相手への遠慮と自分でできなかった謝罪の気持ちがあるのかもしれない。つんとして冷ややかに言う「ありがとう」は，ありがた迷惑だったのかもしれないし，嫌味の場合もありうる。

　話し手が，どのような気持ちでどのように言葉を出すかによって，言葉の表情が表れる。そして，言葉を受ける側は言葉の表情により，相手の本当の気持ちを推し量るのである。

子どもたちは家庭や園生活において，様々な人々の様々な表情の言葉に出会っている。そして，言葉の内容がさし示すものだけでなく，言葉の表情を感じ，両者を総合して言葉を受け取るということをしているのである。

（5）状況や人間関係により言葉を使い分ける体験

私たちは，同じ内容を伝える場合でも，状況や人間関係により言葉を使い分けている。

久しぶりに街で友達に出会った場合，「あら，久しぶりねえ。元気だった？今，どうしてるの？」というように，くだけた調子で話すだろう。同じような状況で，恩師に出会った場合はどうだろう。「先生，お久しぶりです。お元気でしたか。今はどのようにお過ごしですか」と言うか，もっと丁寧ならば，「先生，お久しぶりでございます。お元気でいらっしゃいましたか」となるだろう。

私たちは，目上の人には敬語を使うという文化をもっている。また，相手がお客様であれば，年下の人に対しても敬語になる。

相手が同じ職種・業界の人であれば，一般の人にはわからない業界特有の用語を使うことも可能である。だが，途中からその言葉が通じない人が会話に参加してきたら，その人にもわかる言葉で話さなければならなくなる。

子どもたちは，親と一緒に出かけた先で，このような場面に出会うことが多いだろう。家庭ではくだけた話し方をしている親が，人の家を訪問した際にあらたまったあいさつをして驚く経験をするかもしれない。

多くの場面に出会いながら，目上の人には丁寧な話し方をした方がいい，このような場合にはこのような話し方をした方がよいということを，子どもたちは体得していくのである。

（6）表現を創造する体験

子どもは，すでにある言葉の表現の仕方を取り込んで再現するだけではなく，自らも表現を作り出すということをしている。

1歳児は，いろいろな言葉を覚え，言葉を発するのが楽しくて仕方のない時

期である。いろいろな音を出せるということも喜びなのだろう。行進しながら
「パッパピー，パッパピー」と言ったり，「ネノ，ミマ，モミ，フメ」など，
意味のない言葉を連ねて節をつけたりして楽しんでいる。大人がまねをして繰
り返すと，さらに嬉しそうに大きな声で何度も言う。

　3歳児で「おおかみは，きれなかった」と言う子どもがいた。よく話を聞く
と，「おおかみは道に迷って家に来られなかった」というのである。「行く」「来
る」「来た」の使い分けは4歳児でも難しいが，この子は，「来ることができな
い」ということを何とかして言い表そうとして「きれなかった」にようやく到
達したのだろう。この子なりの表現だったのである。

　5歳児では「これ食べたら死む？」と母親にたずね，「大丈夫」と言われても
「ホント？　死まない？」と涙目になっている子どもの姿が報告されている[4]。

　「それは何のこと？」「意味がわからないわ」「正しくはこう言うのよ」と大
人が言ってしまっては，子どもの表現は乏しいものになってしまう。子どもが
言葉を作り出し楽しく表現する様子をほほえましく見つめ，その表現を面白が
ることで，ますます子どもは表現を楽しむようになるだろう。

（7）　言葉への興味・関心の芽生え

　子どもは日常生活の中で様々な言葉に出会い，面白いと感じたものを取り込
み，自分のものとしていく。そして，もっと知りたい，もっと使いたい，もっ
と話したい，と言葉への興味・関心を深めていく。

　子どもは，大人の使う言葉をまねしたがる。レストランに入ると「いらっ
しゃいませ」と声をかけられたことが新鮮に感じられたのか，「いらっしゃいま
せ」を繰り返す1歳児。「あのー，すみませんが」と言ってから用件を話す3
歳児。どちらも，身近な大人のまねから言葉を自分のものにしている。

　また，1，2歳児では，ドラマやアニメのDVDを見ていると，お気に入りの
場面や登場人物のセリフを見つけては，「もう1回見る」と言ってリプレイさせ，
何度も見たあと，そのセリフを何度も言って楽しむ姿がある。視聴覚機器から
の言葉の情報も多い。

2歳になると，物には名前があることがわかり，「これ，なあに？」と名前を問う質問期に入る。5歳頃には文字への関心が高まり「これ，何て書いてあるの？」と大人に読んでもらい，文字を覚えていくことが多くなる。

文字への関心の芽生えは，もっと幼い時期にも見られる。1歳児でも，ノートに鉛筆でなぐり書きをして自分の名前を書いているつもりになっていることもある。ままごとの父親役は，新聞を読む姿を見せることが定番になっているが，そういうところから文字に関心をもつ子どももいる。また，好きな絵本を読んでもらっているうちに，文字への興味が広がっていくこともある。

このような言葉への興味・関心の芽生えを感じたなら，十分にその要求を満たして，言葉や文字の面白さや美しさをたっぷり味わわせてやりたい。そして，言葉への関心の芽生えを大切に育てていくことが重要である。

5. 他者へのはたらきかけとしての言葉

（1） 発話は他者を前提とする

誰かに向かって言葉を発するということは，その人に向かってはたらきかけるということである。自分の存在に気付いてほしいとき，自分の気持ちをわかってほしいとき，相手の行動を止めたいときなど，私たちは相手に声をかける。つまり，相手とかかわりたいとき，相手と接点をもちたいとき，人は言葉をかけるという方法で相手にはたらきかけ，同じ場に立とうとするのである。

ただし，ここでいうはたらきかけとは，ただ声を出すということではないし，情報を伝えるということだけでもない。竹内敏晴は，次のように述べている。

「話し言葉は，まずなによりも他者への働きかけです。相手に届かせ，相手を変えること。変えるといっても，行動を変えさせる，もっているイメージを変えさせるなどいろいろですが，とにかく変えることで，たんなる感情や意見の表出ではない」[3]

例えば，川で溺れそうになった人は必死に「誰か，助けて」と叫ぶだろう。その声を聞いた人は，それまでしていたことを放って救いの手を差しのべるだ

ろう。この例は,「助けて」という言葉が他者にはたらきかけ,他者の行動を変えさせたことを示している。他にも,相手に危険を知らせそれを回避させるということから,対話することにより相手が何かに開眼することまで,様々な場合が思い浮かぶ。他者と言葉を交わすことは,人に大きな影響を与えることもあるし,自分を変えるきっかけになることも多いだろう。

　他者へのはたらきかけの言葉としては,相手の関心を引く言葉,要求する言葉,配慮する言葉など,いろいろな種類があるだろう。けれども,言葉を発しようとするときには,まずはたらきかけたい他者がいるということが前提となることを銘記しておこう。

（2）　言葉が出るための子ども自身の条件

　次に,言葉が出るためには,子どもの側にどのような条件が必要なのかについて考えていこう。

1）表現したいことが自分の中に生まれてくること

　言葉が出るためには,まず話したいと思う内容が子どもの中になければならない。それは,話す意欲につながる。ぜひとも伝えたいと思う内容がなければ,言葉は出ない。嬉しかったこと,ワクワクしたこと,驚いたこと,おかしかったことなど,心が揺さぶられた感動の体験が,表現したいという気持ちを呼び起こし,自分の中でむくむくと話したい内容になっていく。

　また,これを伝えなければ困ったことになってしまうという必要感も,表現しなければならない内容として生まれることもある。

2）伝えたい相手がいること

　二つめには,自分の話を聞いて欲しい相手がいる,伝えたい相手がいるということが重要である。それは,親かもしれないし,保育者かもしれないし,友達かもしれない。信頼できる相手であり,思いを共感してほしい相手であろう。嬉しいことを伝えて共に喜んでほしい,私を丸ごと受けとめてほしい,という期待に応えてくれる,子どもが心に決めている相手である。

3）表現できる身体であること

　言葉を発するためには，表現できる身体でなければならない。心配事を抱えていたり，体に痛みを感じていたりしては，とても話す気にはなれない。こわばった身体では，のびのびと軽やかに言葉を発することはできない。

　現在を楽しんで生きるあり方をしているとき，身体はしなやかであり，表現できる体になっている。

（3）　聞き手の重要性

　人と共に暮らしていく中で，人と気持ちよく付き合い，人にはたらきかけていくためには，子どもの言葉を豊かに育てていく必要がある。そのためには，聞き手の存在が何より重要である。にこにこと自分の言葉を受け止めてくれる相手がいると，子どもは安心して話すことができる。

　忙しいからといって，子どもの話を聞き流したり，あいまいな相づちをうったりしていると，子どもは受け止められていないことを敏感に感じ，話をしなくなってしまう。子どもは相手に心を向けて聞いてほしいのである。自分の話にしっかり耳を傾けて，自分の世界に入り，一緒に喜んだり残念がったりして欲しいのである。話しを聞いてもらって嬉しかった，楽しかったということが感じられれば，子どもはまた話したいと思うはずである。

　しっかり受けとめられてはいるものの，逆に，きちんと言うことを要求するあまり，子どもの出す言葉を訂正ばかりしたり，こう言いなさいと教え込んだりすると，子どもは言葉を出すことが嫌になってしまうことがある。

　また，子どもの言おうとすることを先取りして，「これがほしいのね」と言ってしまったり，子どもが言う前にしてほしいことをやってあげたりすると，子どもの言葉を出すチャンスを奪ってしまうことになる。話す意欲を失ってしまわないように，こちらの言葉の出し方にも気を付けなければならない。面倒見のいい兄姉がいる場合も，そういうことが起こりやすいので注意しなければならない。

　つまり，子どもの言葉を育てようとするなら，子どもが言おうとしているこ

とを辛抱強く待って，受けとめようとする姿勢が大切である。子どもの目の高さになり，視線を合わせて相づちをうったり，言葉につまったときにはさりげなく補ったり，「それからどうしたの」と促したりして，子どもが話したいことを全部話し終わるまで最後まで聞くという姿勢が望ましい。そして，○○ちゃんがお話してくれて嬉しいということを全身で表現し，言葉を交し合う喜びを体験させることが重要である。

■引 用 文 献
1）鈴木孝夫：ことばと文化，岩波書店，p.39，1973
2）わかやまけん：しろくまちゃんのほっとけーき，こぐま社，1972
3）竹内敏晴：ことばが劈かれるとき，思想の科学社，p.22，1975
4）広瀬友紀：ちいさい言語学者の冒険，岩波書店，p.34，2017

第4章
言葉の発達

あるとき2歳の子どもたちと遊ぶ機会があった学生たちは，口々に次のような感想を述べた。

「言葉が通じないので，どうやって一緒に遊んだらよいかわからず，困った」

2歳児というのは，0歳や1歳の頃と様子が変わり，いかにも言葉が通じそうな雰囲気をもち始める。しかし学生たちに言わせると，言葉は"通じなかった"のである。学生たちが困っていたのは，次のような場面であった。

> **事例4－1**
> ユリは母親のかたわらに座ったまま動こうとしない。保育者（学生）が話し掛けても答えず，身を硬くしてじっと保育者の方を見ている。
> アユミが一人で遊んでいるところに保育者（学生）が近付き，「何してるの？」と声を掛けるとアユミは泣きそうな顔になり「だめ！」と叫ぶ。

このような場面に出会うと，自分の言葉が通じるというのは，必ずしも当然のことではないと気付く。また，いつの間にか言葉に頼らないと，ひととかかわれなくなっている自分にはっとさせられるであろう。

人と人との間で言葉が通じるようになるまでには，どのような過程があるのだろうか。そして，言葉とは，人にとってどのような可能性を開くものなのだろうか。

1. 言葉の発達の土台──言葉の能力を得る以前

（1）乳児期初期からの力──「ひと」に対する特別な感受性

　人間の子どもは生後半年余りもの間，自分の姿勢を自由に変えることも，身体を移動させることもできない。それゆえ，寝かされていたり，抱きかかえられたりしながら人生を始めるのであるが，そのような生活の中で実は，人間として成長するために学んでいかねばならない膨大な事柄に対して，非常に効率的な学習を始めているのである。

　近年の発達研究により，外界の中で「ひと」を示す情報や「ひと」から発せられる感覚刺激に対しては，乳児が生まれながらにして特別な反応を示すことが知られている。また，単に「ひと」を識別するだけではなく，乳児の方から周囲の「ひと」に対して効果的な発信をすることも明らかにされている。それら研究の成果の一部を①〜③に見てみよう。

　① 赤ちゃんはひとの顔や声が気になる[1]

　新生児期からすでに人間の顔に似た図形や人間の話す言語音に対しては，他の感覚的な刺激よりも反応が強く，またそれに向ける注意が長く持続する。

　② 赤ちゃんは乳首を吸い続けない[2]

　赤ちゃんの乳首を吸うという行動パターンには，ある間隔吸いつづけると，次に必ず"休止"が挿入される。一方母親は，赤ちゃんが吸うのを休止すると，必ず揺すって刺激を与えてやるという特定の反応をする。

　③ 人間の赤ちゃんはあおむけが好き[3]

　ニホンザルもチンパンジーも母親の身体にしがみつく行動を身に付けて生まれる。しかし，母親から引き離されて他に何もしがみつくものがない状態であおむけにされると，手足をばたつかせてじっとはしていられない。人の母親は乳児をあおむけにして自分の傍らに置くことで，両手に抱き続けるために必要なエネルギーを笑顔や声かけでの交流にふりむけることができるようになり，それが乳児のあおむけの不安や不快感をぬぐいさったのであろう。

人間の乳児にとっては生存に最も必要なこととして，生理的安定と同様に，ひとを認知し，ひとに反応し，ひとからのかかわりを引き起こし，ひとのかかわりの意図を理解することが位置付いている。乳児は他のひととともにかかわり合いながら生きていくことに照準を合わせた様々な能力や行動のパターンをもって人生を始めている。言葉はそのような人生の道程において紡ぎだされる能力の一つであると考えられる。

（2）乳児期の経験

　乳児の人間社会における最初の経験には図4－1のような基本的なサイクルがある。

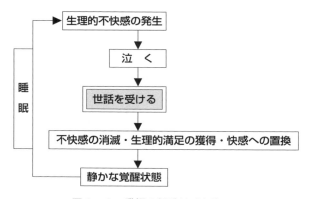

図4－1　乳児の経験サイクル

　このサイクルは乳児が生理的不快を感じて泣くことから起動するものであり，要求を伝達することを目的とするコミュニケーション能力を育む初めと考えられる。乳児は自分に応答してくるひとと出会い，かかわることによって，自分はひとから応答される者であることを学んでいく。さらに図中の「世話を受ける」に伴う多様な経験内容（表4－1）は，ひととのかかわり合いそのものへの乳児の関心や興味を育み，他者とかかわること自体を目的とする相互伝達系のコミュニケーション発達を促していく[4]。また，乳児の泣きに応じてかか

わることが同時に大人の側にも独特な経験内容をもたらしていることがわかる。

　乳児との日々の生活は大人を情動的に揺さぶり，身体の様々な感覚を使わせ，大人の側のひとに対する敏感さや繊細さを回復させる。乳児との間での相互伝達をより効果的に経験できるようになる。

（3）発話への準備——発声編

　ひとたび音声言語を習得してしまうと意識することは少ないが，人間は鼻腔・口腔・のどの構造をフルに活用し，舌や唇で呼気を巧みにコントロールして声帯の振動音を様々に加工し，複雑な発音と発声を使い分けて「話し」ている。

　もともと呼吸や食物の摂取のために作られた器官を借用して言語音を作り出すのであるが，母乳を効率よく摂取することに専念する最初の3か月が過ぎる頃，下あごやのどを包んでいる骨格が急速に成長し，咽頭・口腔のスペースが拡張して，口を使った共鳴音を出せるような物理的条件が整う[5]。

　3か月以前は呼気と一緒にのどから発せられる柔らかな音を発する。泣くとき以外のこのような発声は，声を出すこと自体を乳児が楽しんでいる一人遊びのようである。しかし「乳児期の経験」で見たように，乳児は次第に人とかかわることへの意欲が増し，ちょうど3か月頃にはあやされて応える，笑い声を立てるなど人とのかかわりに伴って声を出すことが増えてくる。それは同時に周りの大人が自分に向けて発する母国語の音韻を聞きながら，唇や舌，あご，頬，鼻なども動員して同じような音を発する技術をみがいていく機会にもなる。そうして6〜7か月頃からは子音＋母音の音声をリズミカルに発する（「バ，バ，バ…」「ダ，ダ，ダ，…」）規準喃語と呼ばれる音声を発するようになる。8か月頃からは母国語のイントネーションや単語の特徴を備えた連続した発声をするようになり，それこそまるで本当にしゃべっているかのように聞こえる。

60　第4章　言葉の発達

表4−1　「世話を受ける」の経験内容

乳　児			大　人	
経験内容	行動		行動	経験内容
不快・不安・危機感など生理的不快感の発生				
声を出す，身体運動感覚	泣く	→	聞く・見る	不安・危機感の情動，乳児の不快感への共鳴
音声によって感知される相手の情動	聞く	←	「返事」をする声をかける	乳児に対する注意・かかわりの意識化・始動
視線の捕捉，表情から感知される相手の情動	見られていることに気付く 見返す	← →	乳児を見る 見られる	視線の捕捉
抗重力の自己身体感覚・触覚・相手のにおいや体温の感知	抱き上げられる	⇔	抱き上げる	乳児との身体接触による諸々の感覚的な経験（重力，触覚，におい，体温）
味覚，飲むための口唇部を中心とした身体運動，満腹感	母乳（ミルク）を飲む リズミカルな飲み方	⇔ ⇔	授乳する 飲むことを促す声かけ，揺さぶり	身体接触の感覚，生理的満足，乳児の飲み方への注意
身体接触，清拭による生理的満足・快感	身体をゆだねる	⇔	オムツを換える	身体接触，清拭したことによる生理的満足・快感
静かな覚醒状態	見つめる，喃語を発する，手足を動かす	⇔	あやす	乳児の満足や快感に共鳴，安心

（4）発話への準備――行動編

1）姿勢の変化と手の働き

　4～5か月頃から乳児はあおむけで自分の両手を組み合わせたり，自分の手をじっと眺めたり，手で足をつかんだりして遊ぶようになる。6～7か月頃には一方の手で持っていたものを他方の手に持ち替える両手の交互操作も現れる。

　また，この頃にはなんとか一人で座れるようになるが，これは初めて上半身を直立させて大人と対面し，外界に臨む姿勢である。周りの人が動き，生活する場面に対する視界が格段に広くなる。この座位が確かなものになってくるにつれ，物を手にとって探索したり操作したりする際の両手の自由さは飛躍的に高まる。

　大人はそのような乳児と対面しながら，「ちょうだい」と声をかけ，乳児の持っているものを受け取り，「どうぞ」と声をかけて渡して持たせる，というかかわりを繰り返していく。食事の場面では器やスプーンなど様々な道具を使いながら，乳児の口に食物を運び食べさせる。乳児はその様子を見たり，自分でも道具に手を伸ばして触ってみたりする。つまり，大人を含む外界との直立対面の姿勢と，自由な両手を獲得すると，乳児は自分の周りにある様々な物を単に自己の関心内で探索するだけではなく，その物を使う人への関心，使う人の意図，物が使われている状況の把握，その物と他の物との関係などを同時に経験するようになる。

2）視線によるコミュニケーション

　生後6か月頃までに乳児は母親が向けた注意（視線）の方向に自分も注意（視線）を向ける（追随注視）ことができるようになっているといわれる。もっとも，母親がどこに視線を向けても正確にそのターゲットを捉えることができるようになるには18か月頃まで待たねばならないようである[6]。

　いずれにしろ，人生のごく早い時期に他者が関心をもっているものに関心を向けるメカニズムがはたらき始めるのは，人間の成長にとって他者の心のはたらきを知ることが重要な意味をもつためと考えられる。

また，「お互いに共通のものに注意を向けている…という認識のもとにコミュニケーションの第一歩は始まる」[7]ということを考えると，視線の動きに現れる注意の共有（共同注視）は，子どもにおいて，自己―物と，自己―他者，他者―物のそれぞれの二項関係が統合され，自己―物―他者の三項関係が形成されていることを意味し，これは次のやりとり遊びにも見られるように，言葉の獲得につながる重要な側面であることがわかる。

この三項関係が形成され，生後9か月以降になると，乳児は未知なるもの，あいまいなものに遭遇し（自己―物の関係），どのように対応したらよいかわからないときに，養育者などの身近な大人に視線を向けて（自己―他者の関係），その大人の反応をうかがう（他者―物の関係の推測）行動をとるようになる。

乳児が大人に視線を向けてきたとき，そこに"何かを問いたげな様子"を感じ取ると，大人は乳児に答えようとして表情や言葉などで合図を送り返す。このように，はじめは大人の側の先取りした読み込みや，巧みな情報の提供の仕方に支えられてはいるが，乳児は言語を使用しない段階で，早くも他者の心の状態を理解しようとする交渉を行っており，大人がそれを援助しながら応答していることがわかる。子どもと大人の間で交わる視線にはそのようなやりとりが込められている。

3）やりとり遊び

子どもは物に対する手による操作の巧緻性を増すだけでなく，8か月前後から持っていたものを他者との間で受け渡しをするやりとり遊びを喜んでするようになる。

やりとり遊びのはじめ，子どもはやりとりのルールを理解しているわけではなく，大人が「やり」も「とり」も両方の役割を取って子どもの分までも振る舞っており，子どもはそれを追う視線の動きや追随する発声・手足の動きなどで参加している。

子どもは「ちょうだい」と声をかけてきた相手（大人）を見る。相手は自分を見ているが，次いで自分の手にある物に視線を移している。相手はさらに「ありがとう」などの声をかけつつ，自分の手から物を取って行くので，子ど

もの視線もその物を追う。ふたたび相手が「どうぞ」と声をかけてきたので相手を見る。相手は子どもに物を示し，子どもの視線を物に向けさせながらそれを子どもの手に戻してくる。そして子どもは自分の手に戻された物を見る。子どもの視線は相手の視線と交わったり離れたりしながら物を見たり，相手を見たり忙しく移動するが，実際に物が二人の間を行き来することにも助けられつつ，タイミングを計ったはたらきかけや役割交代のサイクル，相手の応答を予測した待機などのやりとり行動に参画していくこととなる。

やりとり行動の構造は話し手—聞き手の交代や情報の提供に関する会話の基本的原則と対応するものであり，言葉を使わない会話行動として考えると，言葉を獲得する以前にまずその型を習得していくことがわかる。

しかしこれまで見てきたように，そもそものはじめから，おっぱいのリズミカルな吸い方，生理的要求を泣いて示すこと，あおむけや（半身）直立の姿勢がもたらすかかわり合いなど，すべてが身近な他者との“やりとり”経験をもたらしてきたものである。ボールなどでやりとり遊びを盛んにするようになるこの時期に，やりとりは子ども自身が動作と物を他者との間に介在させて行う行動の型として洗練され，定着してくるのである。

やりとり経験の重要性は，やりとりの「型」にだけあるのではなく，やりとりされる「内容」にある。子どもが出生直後から最も興味を示してきたのは，ひとに対してであり，外界の探索においても他者の経験を参照して（他者から情報提供を受けて）膨大な事柄を効率的に学習してきた。つまり子どもは「周囲の他者との三項関係的なかかわりを通して，他者の生きてきた意味世界を身の内に染み込ませ，自らの意味世界として展開していく」[8]のである。子どもはただボールだけをやりとりしているのではなく，ボールの向こうにいる大人の内的な世界との接触を楽しんでいる。

4）指 さ し

乳児は徐々に姿勢運動能力を備えていきながら，まさにその過程において身近な他者との間で情動やメッセージ伝達の交流を繰り返し行い，自身の内的な世界を形成していく。生後1年が過ぎる少し前から，子どもは自らの感動や情

64　第4章　言葉の発達

動的経験などの内的世界を，他者の共感を求めて積極的に発信し始める。それが最もよく現れるのが指さしという行動である。

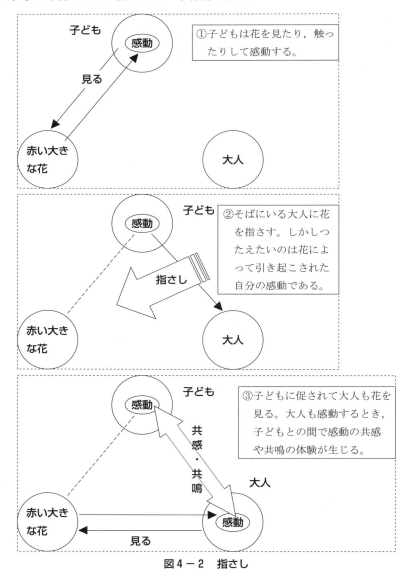

図4－2　指さし

1. 言葉の発達の土台──言葉の能力を得る以前　65

　子どもが花を指さすとき，示している物（花）を実際に手にしようとする意図はない。指さしはそれを手に取るための行動ではなく，さし示す行為であるが，さし示す必要が生じたのは，花によって引き起こされた感動を表明しようとする衝動からである。しかし，自分の心の動きがあふれ出る先にはそれを受け取り，共感し，自分と共鳴してくれる他者が存在することが想定されているのでなければ，する必要のない行動である。

　自分の感動を意識的に他者に向けて発信することを始めた子どもは，共感や共鳴を求めるにとどまらず，そこで起こる他者とのやりとり（コミュニケーション）そのものを楽しみ，自分の意図が確かに伝わる感覚や，相手の応答も自分の発信の意図にぴたりとはまって返ってくる確かさを繰り返し味わっている様子が見られる。そして相手の言っていることがわかっても，それに対して応える手段をまだもっていなかった子どもが，指さしを使って返事をすることができるようになるのである。1歳6か月時の乳幼児健診で保健師が絵カードを示しながら，「ネコちゃんはどれ？」と質問して，子どもが指さしで答えることができるかどうかをみる項目があるのは，このような力の育ちを確認しようとするものである。

　このように見てくると，言葉の能力を獲得する以前に，子どもは自分の情動や意図などの内的世界は，他者によって共感されうるものであることを経験している。同時に他者の内的世界は，子どもに世界の意味を伝える重要な手がかりとなることをも経験している。こうして子どもは「自分の心を検知すると同時に他者の心も発見している」[9]のであり，「他者とコミュニケーションすることそのものを喜びとする存在」[10]として成長し始めるのである。音声言語によるコミュニケーションは，この経験を土台として発生する，ひととひととの間で交わされる豊かで多様なコミュニケーションのひとつの側面であるといえよう。

68　第4章　言葉の発達

どのような状況で，何があったのか，自分はどのようなことを感じていたのか，そばに誰がいてその人のことを自分はどう感じていたのかなど，語彙獲得時の状況に編み込まれている多様な意味をも同時に取り込んでいくことである。以後，生後5，6年までの短期間にこれほど急速に語彙を増やしていきながら，心理的に大きな混乱を生じないばかりか，むしろ語彙が増えるに伴って言語使用の能力が体系的に整っていくのは，中枢神経系の情報処理の仕方にも言語の学習を支援するシステムが備わっているためだと考えられている[13]。

（3）通じる世界の拡大

1）見知らぬ人とも話せるか

　これまで見てきたように，子どもには生後2年ほどの間に他者と言葉でコミュニケーションをとる態勢ができあがってくる。家庭内では「これなーに？」とものの名前を尋ねる質問を頻発するようになったり，"うるさいほどおしゃべり"になったり，身振りなどコミュニケーションの方法が増えて，この子の言いたいことがずいぶんわかりやすくなったと親が実感し始める。しかしそれらは，お互いをよく知り，深い信頼関係を築いている特定の大人との関係の中でこそ表れる子どもの様子だということに注意しておくべきである。

　子どもは成長に伴って活動の場所を家庭の外にも広げていき，様々な年齢の大人や子どもとかかわり合うようになる。生活空間も家族専用の場のほかに，占有権の効かない公共の場での生活が加わり，そこで時空間を共有する人の数は一挙に数十人にもなる。

　事例4－1のユリやアユミの姿は，そのような変化の中で初めて応用問題に取り組んでいる2歳児の典型的な姿だといえよう。言葉どころか，それまでに習得した振舞い方の一つひとつがこの新しい状況の中でも通用するものなのかどうか，子ども自身が納得しなければ，身動きひとつ取れないということもあるだろう。親との間で見せるコミュニケーションの力や，家での活発な様子が「外」ではすっかり消えてしまったかのような子どもの様子に慌てる親も多いが，それはまさに子どもが自分の言葉や経験の通用する範囲を一歩一歩確認し

1. 言葉の発達の土台──言葉の能力を得る以前　65

　子どもが花を指さすとき，示している物（花）を実際に手にしようとする意
図はない。指さしはそれを手に取るための行動ではなく，さし示す行為である
が，さし示す必要が生じたのは，花によって引き起こされた感動を表明しよう
とする衝動からである。しかし，自分の心の動きがあふれ出る先にはそれを受
け取り，共感し，自分と共鳴してくれる他者が存在することが想定されている
のでなければ，する必要のない行動である。

　自分の感動を意識的に他者に向けて発信することを始めた子どもは，共感や
共鳴を求めるにとどまらず，そこで起こる他者とのやりとり（コミュニケー
ション）そのものを楽しみ，自分の意図が確かに伝わる感覚や，相手の応答も
自分の発信の意図にぴたりとはまって返ってくる確かさを繰り返し味わってい
る様子が見られる。そして相手の言っていることがわかっても，それに対して
応える手段をまだもっていなかった子どもが，指さしを使って返事をすること
ができるようになるのである。1歳6か月時の乳幼児健診で保健師が絵カード
を示しながら，「ネコちゃんはどれ？」と質問して，子どもが指さしで答える
ことができるかどうかをみる項目があるのは，このような力の育ちを確認しよ
うとするものである。

　このように見てくると，言葉の能力を獲得する以前に，子どもは自分の情動
や意図などの内的世界は，他者によって共感されうるものであることを経験し
ている。同時に他者の内的世界は，子どもに世界の意味を伝える重要な手がか
りとなることをも経験している。こうして子どもは「自分の心を検知すると同
時に他者の心も発見している」[9]のであり，「他者とコミュニケーションするこ
とそのものを喜びとする存在」[10]として成長し始めるのである。音声言語によ
るコミュニケーションは，この経験を土台として発生する，ひととひととの間
で交わされる豊かで多様なコミュニケーションのひとつの側面であるといえよ
う。

2. 子どもが言葉を使い始めるとき——言葉の発達のプロセス

（1）言葉を使い始める

　乳児がごく早い時期から身近な他者とのコミュニケーションを楽しむ様子はすでに見てきたが，その際に，乳児が声を発する行動が双方にもたらす影響を確認しておく必要があろう。乳児の声そのものは生理的快・不快に伴う情動の表出として発せられているとしても，大人の側は乳児の自発的な発声を，何らかの意味を伝達しようとする行動として受けとめる。初期の喃語に対しても乳児が「何かを言っている」と捉え，今は通じないがやがて通じ合えるようになるであろう，言葉のまえぶれとして聞くのである。

　おむつがぬれた，お腹がすいた，退屈だから遊んで，などそのときそのときで乳児の泣き方が違うのだという，母親の言葉はよく聞かれるものであるが，このとき大人が乳児の声に読み取る意味は必ずしも大人の勝手で一方的な読みというわけではなく，身近なひととして日頃からよく知る乳児のいろいろな様子を全体として把握した上で，総合的に判断しているのである。こうして双方に意味が共有される心理的な過程に子どもの発声が組み込まれていくようになる。

　子どもは大人との間に意味が共有される世界を織りなしつつ，外界の事物に対する独自の探索を続ける。重要なのは子ども自身が湧き出る興味と関心から能動的・主体的に特定の対象にかかわっていくことである。そのとき子どもは全身の感覚と注意を集中させて対象に向かい，探索し，その対象について独自の発見や感動を経験するであろう。そのようにして得た特定の対象物をめぐるひとまとまりの経験内容が表出される際に，何らかの契機で子ども自身の音声と結び付いたとき，初めての言葉が誕生する。このとき，子どもの中に「何かで何かを意味するという心的構図」[11) が形成されることになる。

　乳児の発する「マンマ」という音は物を食べる時の口の動きそのままで発せられることもあり，「食べ物」を意味するようになる例も多いだろう。しかし乳

2. 子どもが言葉を使い始めるとき——言葉の発達のプロセス　　67

児の「マンマ」には「食べ物」を意味する記号的な意味以外に，食べることをめぐっての多様な経験内容がこめられている。「マンマ」というとき，家族が集まる食卓を思い起こしているのかもしれないし，料理から立ち上る湯気のことかもしれない。自分の口に触れるスプーンや器の感触を思い出しているかもしれない。そのような「マンマ」の経験を乳児と共有する大人は，乳児が「マンマ」と言うのを聞くと，「そうね，ここでご飯食べようね」と答えたり，「あちちだから気を付けて」「○○ちゃんのお茶碗持ってこようか」などと応じるだろう。つまり「マンマ」は乳児にとって自分が親しみ，興味あふれるこの世界を語る言葉なのである。

　このような言葉が乳児の世界に登場してきたことにより，乳児は語りたいときに語りたい内容を容易にかつ確実に相手に伝え，そして相手の方からそのことを乳児に想い起こさせることもできるようになったのである。言葉は「単に対象を指示する記号としての働きのみならず，自己の経験を他者と共有可能な，意味ある体験としてとらえ直してゆく働きを果たす」[12]のである。

（2）言葉が増える

　自分の特定の音声が，表現したい特定の事物と対応させられることを発見すると，子どもは外界の分別的認識を一段と進めていく。

　言葉が外界の事物を表すものであることを自身の心的構図としてひとたび確立すると，身近な他者の使用する音声言語をもその心的構図の上に移して取り入れることが可能となる。

　子どもは2歳になる頃から"語彙爆発"と呼ばれるほど，急速に話せる（公共的に通用する）言葉が増えていく時期を迎える。身近な他者の使用する音声言語を貪欲なほど吸収しようとするこの時期は，たとえ大人の直接的な教示がなくとも，周囲の言語的環境から自発的に吸収していく。語彙が増加するに伴い，自身が使用する音声言語の範囲は限定されたものとなっていき，子どもはより的確な表現を求めて，言葉自体を詳細に使い分けるようになっていく。

　語彙を獲得していくとは，その語が指示する対象のみならず，その時周りは

68　第4章　言葉の発達

どのような状況で，何があったのか，自分はどのようなことを感じていたのか，そばに誰がいてその人のことを自分はどう感じていたのかなど，語彙獲得時の状況に編み込まれている多様な意味をも同時に取り込んでいくことである。以後，生後5，6年までの短期間にこれほど急速に語彙を増やしていきながら，心理的に大きな混乱を生じないばかりか，むしろ語彙が増えるに伴って言語使用の能力が体系的に整っていくのは，中枢神経系の情報処理の仕方にも言語の学習を支援するシステムが備わっているためだと考えられている[13]。

（3）通じる世界の拡大
1）見知らぬ人とも話せるか

　これまで見てきたように，子どもには生後2年ほどの間に他者と言葉でコミュニケーションをとる態勢ができあがってくる。家庭内では「これなーに？」とものの名前を尋ねる質問を頻発するようになったり，"うるさいほどおしゃべり"になったり，身振りなどコミュニケーションの方法が増えて，この子の言いたいことがずいぶんわかりやすくなったと親が実感し始める。しかしそれらは，お互いをよく知り，深い信頼関係を築いている特定の大人との関係の中でこそ表れる子どもの様子だということに注意しておくべきである。

　子どもは成長に伴って活動の場所を家庭の外にも広げていき，様々な年齢の大人や子どもとかかわり合うようになる。生活空間も家族専用の場のほかに，占有権の効かない公共の場での生活が加わり，そこで時空間を共有する人の数は一挙に数十人にもなる。

　事例4-1のユリやアユミの姿は，そのような変化の中で初めて応用問題に取り組んでいる2歳児の典型的な姿だといえよう。言葉どころか，それまでに習得した振舞い方の一つひとつがこの新しい状況の中でも通用するものなのかどうか，子ども自身が納得しなければ，身動きひとつ取れないということもあるだろう。親との間で見せるコミュニケーションの力や，家での活発な様子が「外」ではすっかり消えてしまったかのような子どもの様子に慌てる親も多いが，それはまさに子どもが自分の言葉や経験の通用する範囲を一歩一歩確認し

ながら広げていく過程である。こうして日々経験内容が豊かになっていく子ども自身の生活の中に，新しいコミュニケーションのネットワークを構築することができるよう，子どものペースを見守りつつ支えていきたい。

2）目に見えないことを語る

またこの時期は，周囲の物事や状況に対する様々な理解が進むのに伴い，子ども自身の感情もより繊細に分化してくる。しかし，子どもは以前とは何か違う自分の気持ちをなんと言えばよいのか，どう表現すればよいのか，知らない。そのようなとき，大人が子どもの気持ちを汲み取って共感しつつ「照れちゃうね」「困ったね」「気持ちいいね」「嬉しいね」などと言語化するのを聞いて，自分の感情がどのようなものなのか，どう表現すればよいのかを知っていく。こうして3歳になる頃から子どもは目に見えない自分の気持ち（自己の内面の状態）を表現する言葉をも使えるようになり，それはまた他者の気持ちを理解することへとつながるのである。

心の中で描くイメージも目に見えない。子どもがままごと遊びの中で毛糸を器に入れている。"ラーメン"のつもりなのか"うどん"なのか"スパゲッティ"なのかすぐにはわかりかねても，とりあえず「おいしそう！」と声をかけると子どもがチラ，とこちらを見て「（これは）ラーメン」とひと言つぶやく。その瞬間ラーメンのにおいや味，たちのぼる湯気など生き生きとしたイメージがその場にいる他の大人や子どもたちに共有される。そしてそれぞれのラーメンのイメージを表現し合うことを通して，最初の子どものイメージもまたより豊かなものになっていく。心の中のイメージは言葉を通じて他者と共有し，交流させることができるという経験である。

3）言葉を楽しむ

言葉のもつ音に何らかのイメージを重ねて，面白がるようになるのも3～4歳の頃である。「どっしんどっしん」「べちょべちょ」「ふにゃりふにゃり」などの音に身体感覚のイメージを重ねたり，母親や教師の口まねをしたり，子ども同士で意味のない言葉を言い合って笑い転げたり，言葉の世界がこれまでとはまた違った様相を見せ始める。

70   第4章　言葉の発達

　喃語の時期もそうだったように，言葉を発するとは，声を発する身体の運動
であり，声を発するときの人の身体は外に向かって開かれているといえよう。
子どもたちが言葉は意味を伝える媒体であることを習得しながら，身体感覚の
イメージを呼び起こすような言葉の性質を楽しんでやまない姿に，言葉の根が
深く広がって行く場所がどこにあるかを考えさせられる。

　乳幼児期の言葉は，他者とのコミュニケーションという土台の上に具体的な
事物をさし示すシンボルとして獲得され，やがて自己の経験を描写して伝達
し，自己の内的経験である感情や意思を確認して取り出すはたらきをするよう
になる。また様々なイメージを表現すると同時に，それを他者と交流させて深
めていくこともできるようになる。しかし，まだこの段階では言葉を発信する
視点は常に自分の側—自己を中心とした場所にある。幼児期の最終段階には，
言葉はいよいよ思考をつかさどる力を発揮し始めるのだが，そのためには自分
の外側に視点を移す[14]ことができなければならない。

　3歳児のクラスではあちらこちらで絵を描いたり，折り紙を折ったりしなが
らひとり言のように「○○してるんだ…ここは○○で，ここは○○で…」とし
きりにつぶやいている子どもの様子がよく見られるだろう。誰かに話しかけて
いるというよりも，子どもの意識の中に自分を見ているもう一人の自分が生ま
れ始めている。

（4）考えるための言葉

1）4歳——コミュニケーションを高次化していく

　4～5歳児の園の生活では，言葉によるコミュニケーションはもはや大人を
間に入れず，子ども同士の生活のために欠かせないものになっている。とはい
え4歳の段階ではまだ自分の気持ちやつもりを言葉にして伝えること，言葉で
伝えようとする相手の気持ちを聞き取ることなど，十分に経験を積んでいない
ために未熟である。いろいろな相手からそれぞれに違う反応を受けながら，な
んとか理解してもらおうと，意識して自分を表現していくことに4歳は取り組
んでいくことになるのである。

2. 子どもが言葉を使い始めるとき——言葉の発達のプロセス　　71

　つまりこの時期に育まれるのは，目の前の人と具体的に理解と親しみを深めていく経験をもたらす言葉の力であり，その意味で保育者は子どもたちのコミュニケーションが高次化していくことを援助していく必要がある。こんなときはどういうふうに言ったらいいのか，こういうもめごとはどう解決すれば皆が満足なのか，自分が十分気付いていない相手の気持ちはどうなのかなど，保育者の出番は3歳のときとは場面や視点を変えて，相変わらず頻繁に必要とされるだろう。感情や行為をコントロールしながらの困難な話し合いやかかわり合いを支えるほかにも，そのような力の基盤になるテーマや言葉の質を注意深く選択した絵本を読んだり，子ども同士がお互いに話を語る・聞く機会を日常的に設けるなど，様々な言語的環境を豊かに整えていくこと，同時に言語の領域に偏らない総合的な表現活動を常に意識していることなどが重要である。

2）5～6歳——筋道を立てて表現する

　2歳後半から子どもは「大きい—小さい」「多い—少ない」「長い—短い」「高い—低い」などの対比的概念を言葉によって弁別できるようになる[15]。以降4歳頃までこのような対比的・二分的思考によって複雑な世界を理解・認識していく。しかし5歳になると，対比・二分だけでは捉えきれない，その"あいだ"の中間的世界があることを認識するようになる。「だんだん」「どちらでもなく」という状態を認識する力は，子ども自身の行動を「徐々に」「中間地点を目標として」調整する力にもつながる。

事例4－2[16]

　年長クラスの4月に転入して来たアキラが翌年の2月になって自分が転入して来たばかりの頃を思い出し，友達のタクミに話しかけた。

　「タクミくんは前はぼくに意地悪だったよね，仲間に入れてくれなかったんだよね」（アキラとタクミは今はクラスで一番気の合うコンビになっている）

　タクミは黙って聞きながら，にやっと笑っている。

この事例でアキラは、自分の過去から現在に至る過程を連続したものとして捉え、自分を取り巻く状況の変化を認識しているだけではなく、アキラ自身の変化としても捉えている。タクミも同様であることは、彼の反応から察することができよう。二人は次の春からは小学校に行くことを共に楽しみにしている。5歳後半の子どもは過去から現在、未来へと自己の生活全体を連続したものとして捉え、その中で主体的に生きている自分があり、他者があることを理解するようになっている。

家から園までの地図を描くという課題に対して、4歳児では家と園を単純に直線で結んでしまうのが、5歳後半になると途中の具体的な経路を順を追って話しながらつなげて描くことができるようになる。これは日々の生活における子どもの必要に基づいた具体的な経験を通して得ている認識を、頭の中で、思考として、筋道立ててつなげることができるようになっていることを意味する。この筋道を立てて表現する力が文脈形成力であり、心の中で考える力になっていくものである[17]。

家から園までの地図を描く課題について述べながら発達心理学者の白石正久が指摘するように、現実には多くの場合親が子どもを車や自転車に乗せて園まで送り迎えをしている。家から園までの経路は、ただ運ばれているだけの子どもにとって意味のある経験とはならず、そのような場合子どもは園までの地図を描くことはできない。むしろ園で友達や先生と出かける散歩の道筋などを地図に描いてみると、印象的で伝えたい経験がところどころに大きく描き込まれていくのである。子ども自身が物事に主体的にかかわる生活が豊かに送られていることが、文脈形成力が発揮される土台なのである。

3）他の人から見た自分

文脈形成力と同時に考える力を進めるのは、視点を自分の外に移す力である。相手から見たらどうなのか、相手の立場に立つと何が必要か、などを自分自身の経験と知識を総動員して類推していくことである。相手から見たら、ということができるようになると相手から見た自分、他の人が自分をどう見るかということが意識されるようになる。

3. 文字への興味とその広がり　　73

　5〜6歳の時期に一番気になる他人とは，仲間の友達である。自分の行動を調節しようとするのも，友達との生活が自分にとって最も重要な世界となっているからである。友達の視線の中で自己を形成し，友達のしていることの中に新たな目標を見出していくこの時期，子どもは自己中心性*を抜け出していく。

3. 文字への興味とその広がり

（1）"文字"を使う

　さて，私たちが生活の中で出会うものには，文字による標記を伴わないものの方が少ないのではないだろうか。通りを歩くと場所や名前を示す看板や表示があちこちにあり，商品を手に取れば各種の説明書きや用法の指示が印字され，テレビ・新聞・書物・インターネットの情報はすべて文字によって表されており，大人たちがそれらを頼りにして生活しているのを，子どもたちは生まれたときからずっと見聞きしているのである。文字が何かを伝えるものであること，つまり文字はもうひとつの言葉であることを，知らず知らずのうちに子どもは理解している。

　子どもが集団生活をするようになると，持ち物に記されている自分の名前，遊具や道具などの置き場所の指示，自分の作品に教師が書き入れてくれる説明書きなど，文字は子ども自身の生活により具体的な役割をもつ。そこでは子どもの文字に対する興味は書かれている文字が何を意味しているのか，ということと同時に，文字を使うことそのものにも向く。まだ本当の文字を書くことができない3〜4歳の子どもが熱心に"文字"を書くことがある。指先を器用に使いながら，鉛筆の先でまるで鳥の足跡のような文字をびっしりと紙に書き付けていく（図4−3）。それは「手紙」であったり，「お勉強」であったり，説明を聞かないとこちらにはわからないが，子どもが意味を込めたものであることには違いない。文字の役割を知り，読み書きの主体者として，自分の思いを自

---

*　自己中心性：乳幼児期に特徴的な思考様式で，物事を自分の視点からだけみて判断する性質のこと。他人から見たらどうか，という視点の転換はできない。

図4-3 子どもの手紙(4歳11か月)

分の中から取り出して相手に伝えたり,新しい表現方法を確かめたりしているかのようである。そうするうちに,自分の書く文字と,本当に相手に伝わる文字とは違うことが子ども自身にとって問題となってくると,子どもは自分流の文字を捨て,「"あ"ってどう書くの?」と尋ねてくるようになる。子どもが書きたい言葉を内に抱くようになり,その言葉を確実に表示する文字を自分から覚えたいと思ったら,文字の習得はあっという間である*。

(2) "書き言葉"を使う

家庭外の集団生活では,ところどころで教師や保育者が普段の会話体とは違う話し方をしているのを耳にする機会がある。先生が自分にだけではなく,"皆さん"に向かって話すときや絵本を読むときなどである。入園式の"歓迎の言葉"や運動会の"選手宣誓"などの行事で,また手紙を書いたり,紙芝居や絵本・かるた等を作る遊びでは,子どもたち自身が文章体の言葉を使おうとする(図4-4)。4歳になる頃には,園の生活の中でこのような言葉の使い分けがあることを身近に経験しながら,ひとの言語生活は会話体の言葉と文章体の言葉の二重構造になっていることを意識していくようになる。発達心理学者の岡本夏木はこの会話体の言葉を「一次的ことば」,文章体の言葉を「二次的ことば」としてそれぞれの特徴を表4-2のように整理している[18]。

---

* 書字に際し筆記具の適切な操作が可能になる生理的手指機能の成熟は,河村(1998)らの調査によると「鉛筆を正しく持って書く」の項目で,54-57か月で80%の通過率となっている。(河村由貴・佐藤美年子・尾崎康子:「2, 3歳児の手指の働きを高める活動(1)」日本保育学会第51回大会研究論文集,1998)

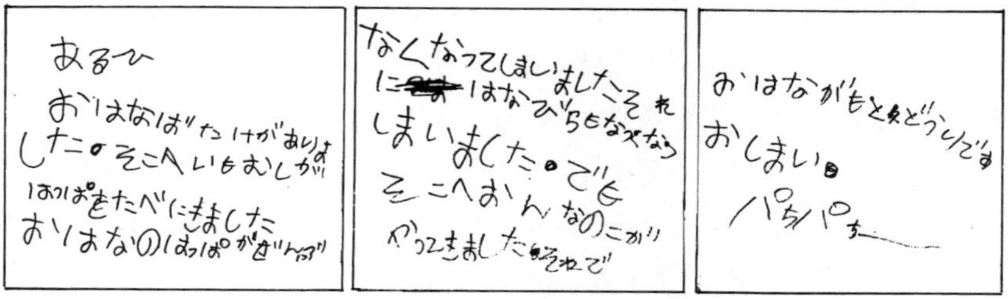

3. 文字への興味とその広がり　75

図4-4　紙芝居（6歳1か月）

（資料提供：鎌倉女子大学幼稚部上田陽子氏）

表4-2　一次的ことばと二次的ことば

形態	一次的ことば	二次的ことば
使用される状況	具体的現実的な生活場面	それが実際に生起したり存在したりしている現実の場面を離れたところ
成立させる状況	具体的状況の文脈が相手にも共有されている（省略可能な部分あり）	言葉のみで文脈全体を編成する必要がある
テーマ	その場と具体的に関連した事象 "この" 世界のこと "を"	抽象化されたテーマ "その" 世界のこと "について"
相手	少数の親しい特定の人物	直接交渉のない不特定多数の人物，あるいは自らの中に想定された（抽象化された）聞き手一般
展開の仕方	一対一の会話による相互交渉，相互照合	一方向的伝達行為，自らの中に聞き手を想定して自己の発話行為を設計・調整する必要有り
媒体	話し言葉	話し言葉・書き言葉

　書字力がある程度習熟してくるのは小学校の入学後になるが，文字を書く作業自体に余裕が出てくると，書きながら途中で読み返して誤りを修正したり，文章のつながりを確認したりするようになる。つまり書き手である自分の中

76　第 4 章　言葉の発達

に，読み手の役割も分化させ，書いている自分と読んでいる自分との対話の中
で書き進めていく。読み手の立場に立って考えることは，視点を自分の外に移
して文脈を形成していく作業であり，自分自身をも思索の対象として捉えてい
く力を培うものである。言葉を使う力がそのような段階に達すると，子どもの
自我形成を核とした人格全体の発達がいちだんと進んでいく。ここに「言葉の
もつ本来的機能」(岡本，1985) をみることができる。

（3）早期教育の問題点

　ここで注意しておきたいのは，子どもの生活経験に文字が取り入れられる過
程である。上記にみたように子ども自身の関心が文字に向き，子ども自身の生
活の中で文字がクローズアップされていく過程は，子どもの全体としての発達
の現われとして生じるものと考えられる。しかし，乳児期からの早期教育への
関心は文字教育に向くことが多く，大人が意図的に様々な教材により文字環境
を整え，繰り返し識字刺激を与え，2 歳前後までに子どもに文字を覚えさせて
しまうことも珍しくなくなっている。このような早期教育はいくつかの点で問
題と危険をはらんでいると考えられる。

　乳児期は外界や人と交わる基本的な能力の土台を形成する時期であるが，そ
の時期に言語性や認知性に対する刺激を繰り返し受容し記憶する作業課題を与
えられることにより，変化する外界に自発的に対応し，自分の身体と言葉でコ
ミュニケーションしようとする態度が希薄になり，他者との関係が一方通行的
で，受動的な行動が多くなることが危惧される[19]（図 4 - 5 ）。発達心理学者の
内田伸子が「幼児期の文字学習は外から強制されるものではない。子どもの興
味関心が文字を覚えることだけに偏っていないところにこそ意味があるのであ
る。外界のものやことに対する幅広い興味の網の目に文字の存在も引っかかっ
てくるにすぎない。関心の違いや文字習得の開始の遅速はほとんど問題になら
ない」[20] と明言していることに注目したい。語るべき生活経験が満ち，それを
書き言葉で表現する必然性を得たとき，子どもは自らすすんで文字を獲得する。

3. 文字への興味とその広がり　77

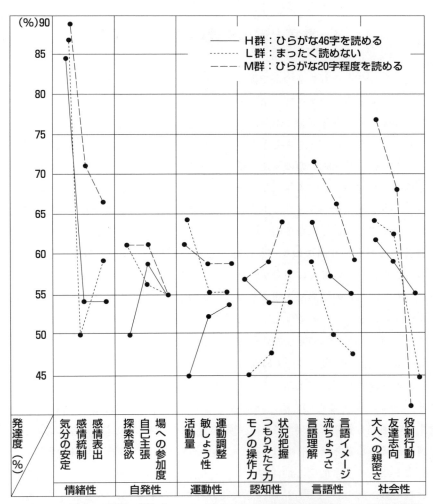

図4-5　識字の発達と成長バランス（3歳6か月時点の発達評定）より3群の発達
　　　　プロフィール

（中野由美子：「乳幼児期の早期教育—早期の識字教育と子どもの発達—」家庭教育
　研究所紀要 15, p.91, 1993）

4. 言葉と他の発達の側面との関係

　発達とはそもそも無数の糸で織りあげられていく織物のようなものであり，どの一本の糸も他のすべての糸とかかわりがある。言葉についてもその発生が声を出すという身体運動であり，他者との身体感覚に根ざした共感の経験に根ざしたものであることをみてきた。この段階ではもちろんのこと，乳幼児期のほとんどは身体運動能力の発達と統合が主要なテーマであり，そこで経験される内容が発達のあらゆる側面に影響を与える。身体運動能力の発達が一段落する頃，コミュニケーションに主要テーマが移ってくる。ここで音声言語は重要な役割を果たすことになるが，それは単なる話し言葉にとどまるのではなく書き言葉というより高次のレベルに発展していくものであり，外界の認知と思考，さらに自我の形成に深くかかわるはたらきを担うようになる。

　しかし，言語の機能は人間のもつ諸機能の中でも発達を推進するエンジンのような役割を果たすのではないかと考える研究者もいる[21]。いまだ議論は尽くされていないが，他の発達の諸領域間に浸透し，影響を及ぼすと考えられる言葉のもつ独自の性質について特記しておきたい。

　言葉独自の重要な機能として"たとえ"という比喩表現（メタファー）がある。「～みたい」などの直喩，「風が怒っている」などの擬人法は幼い子どもの生活の中でも頻繁に登場するものであろう。メタファーとは，「ある領域から別の領域へ知識を概念的に引き移すことを通じて，人々が自分自身や世界を理解するための基本的な心的能力」[22]であり，「メタファー表現は，どの時代，どの地域，どの言語でも見られ，人間の日常生活のあらゆるところに登場する」[22]のである。例えば「しっとりした歌声」というとき，"しっとりした"とは本来触覚的な経験がもたらす情報である。それを聴覚的な経験である「歌声」を表現するために転用しているのであるが，自身の独自な経験をより鮮やかに描写しようと自己内のあらゆる経験を模索し，触覚的経験と聴覚的経験とを結び付けることによって得られた表現だといえよう。まさに「ことばは人の

あらゆる側面に浸透していく」[23] のである。

5．言葉の発達が気にかかる子どもたち

　これまでみてきたように，言葉はひとの発達のあらゆる側面と密接にかかわりながら生じるものであるため，言葉の障がいやその獲得の遅れが考えられる場合，常に発達の全体を見渡す視点で捉えていく必要がある。

　言葉の障がいを引き起こす要因は多数あり，難聴，知的障害，脳の器質的損傷[*1]，口腔の構造や機能の欠損，脳性麻痺，不良な言語環境などのほか原因が特定されないものもある。また吃音などの問題も幼児期にみられることが多い[24]。子どもの言葉の発達が気にかかる場合，発達検査等の専門家に依頼し要因を早期に特定することによって適切な対処法が明確になる。しかし，保育者など日々の生活で子どもとその保護者とかかわるものは，遅れや障がいなどの問題に注目するあまりその子どもの全体としての発達を見守り支えていく態度や，年齢相応の生活経験が損なわれないよう配慮が必要である。特に保護者に対する精神的支援は重要な役割となる。

　言葉に障がいが生じた子どもに共通するのは，その子どものコミュニケーション経験が恒常的に阻害されている状況にある可能性が高いということである。言葉そのものの発語や理解の能力に注意しすぎるあまり，それらの土台であるコミュニケーションへの意欲や経験を育てることが軽視されてしまうのである。その子どもに可能なコミュニケーションの方法が限定されている場合でも，その子どもにあった工夫をし，周りの人々との間でより豊かで多様なコミュニケーション経験を保障していくことが，保育者の専門性が発揮される重要な役割である。

＊1　脳の何らかの構造的な損傷が，様々な障がいの原因となる場合。

6. 言葉が目指すこと

　岡本は一次的ことば期を「ことばと生活上の具体的行動との間の関係の深化が中心課題であり，そこではことばはことば自身が内蔵している本来の力を十全に発揮するまでにはいたっていない」[25] としている。つまりひとの言葉の到達目標は，話し言葉のはるか先にあるということである。

　言葉自身が内蔵している本来の力，とは何か。それは言葉によって行われる思索であり，創造的な精神の活動であり，無限の表現力である。しかし，そのような概念の形成や操作，思索など知的・精神的活動を代表する二次的ことばのはたらきを根底で支え，生命を吹き込み続けるのは，人がお互いの存在を大事に思いつつ，お互いのかかわり合いを喜び，そこから活力を得るコミュニケーションという土台である。それは乳児期に始まる一次的ことばの形成過程でみてきたことでもある。

　子どもの言葉の育ちを考えるとき，大人とは，ひととして，ひとの言葉の到達目標がどこにあるかを明確に意識しつつ，土台としての日常生活場面における具体的で相互的なコミュニケーションをより豊かなものにしていきたい。

　子どもは自由で創造的な活動に対して非常に敏感な存在である。言葉のもつ本来的な力が自由で創造的なものであるならば，子どもはそれを感知しつつ自身の言葉を育てていくであろう。

■引用・参考文献

1) やまだようこ：ことばの前のことば，新曜社，1987
　　繁田進：乳幼児発達心理学，福村出版，1999
2) 正高信男：0歳児が言葉を獲得するとき，中公新書，1993
3) 竹下秀子：赤ちゃんの手とまなざし，岩波書店，2001
4) 長崎勤：「言葉の発達と障害」（麻生武・内田伸子編，講座生涯発達心理学2　人生
　　への旅立ち），金子書房，pp.193-208，1995
5) 正高信男：前掲書2)，pp.54-71
6) 板倉昭二：「まなざしを共有することの意味」別冊発達19　赤ちゃんウォッチングの
　　すすめ，pp.51-60，1996
7) 板倉昭二：前掲書6)，p.52
8) 浜田寿美男：意味から言葉へ，ミネルヴァ書房，p.212，1995
9) 板倉昭二：「心を見出す知性の発達」発達99，ミネルヴァ書房，p.104，2004
10) やまだようこ：ことばの前のことば，新曜社，1987
　　繁田進：乳幼児発達心理学，福村出版，p.46，1999
11) 浜田寿美男：前掲書8)，p.229
12) 岡本夏木・山上雅子：意味の形成と発達，ミネルヴァ書房，はじめに p.ii，2000
13) 内田伸子：発達心理学，日本放送出版協会，2002
14) 白石正久：発達の扉　上，かもがわ出版，p.216，1994
15) 白石正久：前掲書14)，p.146
16) 事例4-2は，鎌倉女子大学幼稚部上田陽子氏からご提供いただいたものである。
17) 白石正久：前掲書14)，pp.212-14
18) 岡本夏木：ことばと発達，岩波新書，pp.32-69，1995より作成
19) 中野由美子：「乳幼児期の早期教育―早期の識字教育と子どもの発達―」家庭教育研
　　究所紀要15，1993
20) 内田伸子：子どもの文章，東京大学出版会，1990
21) 子安増生：幼児期の他者理解の発達，京都大学学術出版会，1999
22) 子安増生：前掲書21)，p.283
23) 岡本夏木：子どもとことば，岩波新書，p.146，1982
24) 田島信元・子安増生他：認知発達とその支援，ミネルヴァ書房，2002
25) 岡本夏木：前掲書18)，p.80

第5章
言葉を育てる人的環境

1. 保護者とのかかわり

(1) 母（養育者）と子どもをつなぐ言葉

　乳幼児にとって一番身近にいるのは，母（養育者）である。「目の前にいるこの人に○○を伝えたい。」というとき，言葉はとても便利なものであろう。そこで，乳幼児は，"大好きな"母（養育者）とのコミュニケーションの手段として，言葉を獲得したいと思うようになる。

　子どもが生まれて初めて発する言葉は，その子にとって「絶対的に必要なもの」が多い（例：マンマ，ママ，バァーなど）。自分の欲求に応じたもの，絶対に譲れないものなのであろう。このことは，「人とかかわりたい」という気持ちや，「人に伝えたい」という意欲が，言葉を獲得させている証拠である。そして，それらは，ほとんどが母（養育者）に関することである。例えば，"ママ"は，母のこと。"マンマ"は，母（養育者）に作ってもらうものであるし，"バァー"も，「いないいないばあ」などの母（養育者）との遊びの場面で使うポイントの言葉である。初めての言葉の後，子どもが使い出す言葉も，ほとんどが，「母（養育者）と子どもをつなぐ言葉」である。

　よって，子どもの言葉が育つには，保護者とのかかわりが大きな影響を及ぼすことがわかるだろう。

1. 保護者とのかかわり　　*83*

（2）保護者の気持ちが子どもの言葉に影響する

事例5－1　「パァ，パァー!!!」

　土曜日の朝。タツヤ（4歳）は父親に向かって幼稚園での出来事を話し始めたが，父はテレビで放映されている野球の試合を見ているところだった。

タツヤ：幼稚園で縄跳びしてたらねぇ…

　父　：（テレビの方を向いたまま）うん。

タツヤ：一緒にいた…　えーっと，誰だっけ？あれ？？えっとぉ…

　父　：（タツヤの方に向かって）うん。

　　　　　　　　　　　　（しばらく沈黙）

タツヤ：誰だったか忘れたけど，その子とさぁ…

　父　：（また，テレビを見ながら）うん。

タツヤ：ねえ，パパ聞いてる？

　父　：聞いてるよ。（顔はテレビの方に向いたまま）

タツヤ：それでー，縄跳びの練習してたらさぁ…何だっけ？　あっ，パパは縄跳び上手？？

　父　：（無言）

タツヤ：パパ？？？　　パァパ？？　　パァ，パァー!!!（と叫ぶ）

　父　：（我に返り）ん？　縄跳びがどうしたって？　タツヤは，野球好きか？

タツヤ：嫌い。

1）　タツヤの気持ち，父の思い

　事例5－1は，特別子どもが嫌いな父親の例ではなく，一般的によく見られる光景である。

　タツヤの父は普段仕事が忙しく，タツヤが眠ってから帰ってくる。そのためタツヤは父が休日のときに，幼稚園で今週あったことを全部話そうと思うようだ。父もそんな息子の気持ちをわかっていて，普段からなるべくタツヤと会話しようと努めている。タツヤが「幼稚園で縄跳びしてたらねぇ…」と話し始めたときも，話を聞こうと思ったのだろう。テレビに向かってはいるが，「うん」

と相づちをうっている。

2）「待つ」姿勢とは？

　父の相づちでタツヤも話し始めたが，父親に聞いて欲しいことがたくさんありすぎて，焦ってしまう。タツヤが「えーっと，誰だっけ？あれ？？えっとぉ…」と言葉に詰まったように，子どもには，うまく言葉が出てこないということがよくある。この場合も，父親はタツヤの顔をしっかり見て，「誰だったかな？」などの言葉を返し，共に考えながら待てば，タツヤは話の先を急ぐこともなく，誰であったかも思い出せたかもしれない。

　待つときにテレビを見ながらや，体が横を向いている相づちでは，子どもの気持ちに寄り添うことができない。会話が弾むためには「体も心もあなたのところに向いていますよ」と意思表示することはもちろん，その意思表示が相手に伝わる必要があるだろう。

事例5－2 「お母さん，いいことあった？」

　最近，なぜか機嫌の悪い母にハルカ（3歳）は，恐る恐る声をかけてみる。

ハルカ：（小さな声で）おかぁぁさん？

　母　：（歌うように弾んで）なぁ～に？

ハルカ：あれぇー？？　お母さん，いいことあった？

　母　：うん！！今日ハルカの先生がね，ハルカのこと，とってもいい子だっておっしゃっていたわよ。良かったねえ♪

ハルカ：えーっ☆　先生，なんて（言ってた）？

　母　：えっとね…

ハルカ：（急に早口で話し出す。）

　　　　あっ，わかったわかった！みんな，ハルカのこと可愛いって。それから，ほら，赤いスカート。んーと，アッくんのハンカチ，拾ってもらった（あげた）し…　それから，それからぁ，ミヨちゃんに，（何かを）あげたんだよ。それからぁ…

　母　：（笑顔で，ゆったりと）そう，えらいわねぇ。　それから？

1）ハルカの気持ち

　お母さんの機嫌が，なぜだか悪い。子どもにとって，これほど居心地の悪い状況はない。ハルカは，なんとか母と楽しくおしゃべりしようと思ったのだろう。大人でも機嫌の悪い相手に声をかけることは，とても勇気のいるものだが，ハルカは，思い切って母に声をかけてみた。すると母は歌うように「なぁ〜に？」と返事をしてくれた。もうこれだけでハルカにとっては十分だったのかもしれない。そのうえ母の"いいこと"が，自分に関することだった。嬉しくてたまらないハルカは，母の言葉をさえぎるかのように，どんどん，どんどん自分の良いところを話し出す。

2）我が子がほめられた

　このところ母は職場での人間関係がうまくいかず，家でもイライラしていた。自分では普段通りに過ごしているつもりだったが，ハルカには母の気持ちが敏感に伝わっていた。そんな母にも"いいこと"があった。きっとハルカの担当保育士から，保育所での"ちょっとした出来事"が話されたのであろう。

　母親にとって，職場を離れてリラックスしたうえに，保育所で我が子のことをほめられるということは，とても嬉しいことであったに違いない。"ほめられた"ということは，「認められた」ということなのだ。保護者が，「先生は，自分の子どもをよく見ていてくれている」と感じれば，保育者への信頼が増すのは当然である。

　子どもにとって，自分にかかわる周りの大人が親しくしている光景は，楽しい雰囲気を生み出し，また，認められることで自信がつく。そして，自信から様々な意欲がかき立てられるに違いない。

3）うれしい気持ちが「ゆとり」を生む

　事例5−2からは，母と保育士がどんな内容の話をしたのかわからないが，きっと，ハルカが言っている内容とは全く異なっていたに違いない。それでも母は，違うことを指摘もせず，ハルカの話をじっくり聞こうと言葉につまりだしたハルカに，「そう，えらいわねぇ。それから？」と声をかけている。母がイライラしていては，子どもの話したい気持ちを汲み取ることができなかった

86　第5章　言葉を育てる人的環境

のではないだろうか。このあともハルカは，母の笑顔に後押しされて，もっと
自分の良いところを探し出し，それを母に認めてもらうことで，また自信をつ
けていくことになっただろう。

（3）豊かな会話

1）話す意欲

　事例5－1と事例5－2から，保護者の態度や気分が，敏感に子どもの言葉
に影響することがわかった。聞いている保護者の状態が，子どもの「話す意欲」
にかかわってくる。保護者が子どもの話す意欲をうまく引き出すことで，会話
は豊かになっていくのではないだろうか。

2）父母の存在

　どんなに親切で優しく，自分のことを愛してくれていることがわかる人で
も，子どもにとっては，親以上に大事な存在ではない。幼稚園・保育所等がい
くら楽しくても，祖父母がいくら優しくても，父親，母親の笑顔にはかなわな
い。たとえ親が話をろくに聞いてくれないような状態でも，子どもは懸命にか
かわろうとする。そうして，なんとか親の笑顔を勝ち取り，会話を始める。子
どもにとって親とは，他の何かに代えられるものではない，かけがえのない存
在なのである。父母の存在自体が，豊かなコミュニケーションを引き出してい
くのではないだろうか。

2.　友達とのかかわり

（1）　自信が言葉を獲得する意欲を育てる

事例5－3「"ちょがんきょ"って何？」

　レイカ（5歳），マリ（6歳），ユキノ（4歳），アユミ（3歳）は，近所の
仲良し四人組。四人の家の近くには，都会には珍しい，子どもたちに"森"
と呼ばれている場所がある。四人は森へ"探険"と称して出かけ，レイカを
隊長として，一列に並んで森の中を探索するのが大好き。今日も早速，森へ

出かけることにした。レイカは，隊長として，みんなの冒険身支度を一つひ
とつ確認している。

レイカ：では，最後です！ "双眼鏡"は？ 持った？

　　　　（マリとユキノは，「オー！」と言って，レイカの後ろに並ぶ）

アユミ：ねえ，"ちょがんきょ"って何？

ユキノ："ちょがんきょ"じゃなくて，そう！がん！きょう！！ アユの首か
　　　　らぶら下がってるやつ！！昨日みんなで作ったでしょ？

　　　　（と，アユミの首からぶら下がっている，トイレットペーパーの芯を
　　　　2個つないで作った双眼鏡を指さす）

アユミ：これ，ほえんきょ（望遠鏡）だよ。

レイカ：「ぼう・えん・きょう」でしょ？ それに，これは，双眼鏡！！

マ　リ：あのさぁ…，望遠鏡は，棒みたいに1個のやつだよね？

　　　　（と確認を求めるように，レイカを見る）

レイカ：（しばらく考えて）

　　　　あっ，でも，冒険行くんだから，"冒えんきょう"なんじゃない？
　　　　アユ，頭いい〜。

マ　リ：そっかあ。（と，納得した様子）

ユキノ：えっ，でもうちのお母さん，これ見て「"双眼鏡"作ったの？」って
　　　　言ってた気がする…

アユミ：アユのママは，「ほえんきょ（望遠鏡）？」って言ってたよ。

レイカ：（少し考えて）

　　　　やっぱり，双眼鏡かなあ？ "冒えんきょう"は冒険しか使えないけ
　　　　ど，家にある本当のやつは，おじいちゃんが鳥見るときに使うんだ
　　　　もん。これ（首からぶらさげている手製の双眼鏡を見て），鳥も見る
　　　　よねえ？森じゃないところでも，遠く見えることになってるから…

ユキノ：さすがレイカちゃん！

マ　リ：じゃあ，これは本物だから，双眼鏡ね？

アユミ：アユのママはぁ… ウソっこのだから，「ほえんきょ（望遠鏡）？」って
　　　　言ったの？

レイカ：アユよくわかったねえ。えらい，えらい。

ユキノ：さすがレイカちゃん！！

88　第5章　言葉を育てる人的環境

> レイカ：じゃあ，これは知ってる？
> 　　　　（と，いろいろなことをみんなに質問し始める）

双眼鏡って何？

《望遠鏡》とは　→　遠くのものを拡大してみせる光学器械。凸の対物レンズと凹の接眼レンズを組み合わせるガリレイ式望遠鏡と，対物レンズ・接眼レンズともに凸レンズのケプラー式望遠鏡がある。双眼鏡は後者で，中間に倒立像を修正するレンズやプリズムを入れる[1]。

《双眼鏡》とは　→　倍率の等しい2個の望遠鏡を，光軸を平行にして一体化した地上用望遠鏡。立体感にすぐれる[1]。

（講談社カラー版日本語大辞典より）

　辞典によれば，どちらも望遠鏡だが，「倍率の等しい2個の望遠鏡を，光軸を平行にして一体化した」ものは，双眼鏡とも呼んでいるということだろうか。大人も違いがよくわからずに使っている言葉は，案外多いのかもしれない。

1）四人の考え

　ここで，それぞれの双眼鏡についての考えを整理してみよう。

【レイカ】（5歳：リーダー的存在）

① トイレットペーパーの芯を2個つないで作った物（以後「手製の物」と表記する）は，望遠鏡ではなく"双眼鏡"であると主張。

② しかし，望遠鏡の「ぼう」は冒険に由来するという考えから，"冒えんきょう"なのではないかと想像する。

③ 周りの意見から，さらに考えを深めていく。"冒えんきょう"は冒険しか使えない。しかし，自分たちが作った手製の物は，鳥も見えれば，森で冒険をするとき以外も，遠くを見ることができる。これは，祖父がバードウォッチングで使う本物と同じ。だから，"冒えんきょう"ではなく，"双眼鏡"ではないか。

【アユミ】（3歳：一番年下の甘えん坊）

① "ちょがんきょ"（双眼鏡）が，何かわからない。ユキノに説明されて，

自分の首にかかっている手製の物が，双眼鏡であることを知る。

② しかし，家で母に「"ぼえんきょ"（望遠鏡）」だと聞いてきたので，不思議に思う。

③「本物は，双眼鏡である」という説明を聞いて，母は，ウソっこのだから，ぼえんきょ（望遠鏡）だと思ったのではないかと解釈。じゃあ，これは本物だから，"双眼鏡"。

【ユキノ】（4歳：レイカ大好き年中児）

① レイカが，"冒えんきょう"かもしれないと言う。大好きなレイカの意見を信じたい。しかし，母が手製の物を"双眼鏡"と言っていたため，母の言葉を信じている。

② レイカが，双眼鏡につながる意見を導き出す。その考えに尊敬の念を抱いて"双眼鏡"だと確信する。母と大好きなレイカの意見が一致して大満足。

【マリ】（6歳：レイカと同じ年長児）

① 望遠鏡の「ぼう」は，「棒」だと思っていた。棒みたいに1個の物が"望遠鏡"。

② レイカの説明を聞いて，自分たちの作った手製の物は，本物のように見ることができるから，レイカの祖父が持っている本物と同じ"双眼鏡"だと結論づけた。

2） お互いが刺激し合う

事例5－3から，女の子グループの中では，それぞれが影響し合って一つの言葉を探ろうとしていることがわかるだろう。

リーダーとして，積極的に意見を述べていくレイカ。大好きな年上のレイカに刺激を受ける，アユミとユキノ。友達の意見を聞きながら，自分なりに解釈していくマリ。事例5－3は，みんなが納得し，お互いが刺激し合う，大変理想的な例だろう。

3） 自信満々の勘違いと柔軟さ

結局四人の中では，「本物は，双眼鏡。ウソっこの物は，望遠鏡」という，

90　第5章　言葉を育てる人的環境

なんともトンチンカンな結論に落ち着いている。マリは最初，「（棒のように）
1個の物が望遠鏡」と，正解に近い考え方をしていたはずなのに，結局はレイ
カの考えに納得してしまった。

　このように子どもたちは，自分たちなりの考えで懸命に導き出したことを正
解だと信じて疑わない。自信満々の勘違いである。しかし，この自信たっぷり
になることができる力こそ，次への"意欲"につながっていく。

　後に，この"勘違い"が，間違いであることに気付いても，子どもたちは大
人ほど恥ずかしがらず，素直に「自分は，間違っていた」と受け入れ，正しい
方向に修正していく。この"柔軟さ"が，正しく言葉を獲得していく力になっ
ているのだろう。

4)　仲間に認められる

　このあとレイカは双眼鏡という言葉の意味にたどり着いた自信から，「じゃ
あ，これ知ってる？」と，今度は自分の知識の豊富さを「みんなに質問する」
という形で確かめようとしている。

　このような，自分の知っている知識を周りの人に披露する姿は，4～5歳く
らいの女の子にはとてもよく見られる。「これ知ってる〜？」と発表するときの
顔には，なんとも言えない自信がみなぎっているのだ。「あなた，まだ知らない
でしょ？　私は，知っているわよ」といったところだろうか。

　自分の得た知識が，まだ誰も知らないことがわかると優越感を感じるのは，
大人も同じはず。子どもにとってこの優越感は，言葉を獲得していくうえで，
「もっと知りたい」という意欲を生み出す大切な力となるのではないだろうか。

（2）トラブルの中で育つ言葉

事例5−4　「操縦桿も作ろうぜ」

　遊戯室では，2週間前から年長組の男児三，四人が，大型積み木で基地を
作っていた。毎日，形は異なっていたが，どうやら同じ"基地"のイメージ
で遊びを発展させているようだった。しかし，イメージの違いからけんかに

> なることが増えてきた。
>
> 　この日もコウタとナオユキは，積み木をつなげるかどうかで取っ組み合い
> のけんかを始めた。
> リュウイチ：ストップ，ストーップ！！じゃあ，こっちに（その積み木）つ
> 　　　　　　なげたらどうだ？　おい！　おい，見てみろよ。
> 　コウタ　：えっ？
> リュウイチ：こうしたら，ここに操縦するところできるだろう？
> 　ナオユキ　：おー，いいな。操縦桿も作ろうぜ。
> 　コウタ　："ソウジュウカン"ってなんだ？？

１）仲間に支えられて

　コウタは，おとなしい性格で普段からあまり話をしない。しかし，友達とこ
の基地作りをするようになってからは笑顔が多くなった。今回の"操縦桿^{かん}"の
ように，新たな言葉を教えてもらうことも多く，会話も増えてきた。コウタは
仲間との遊びの中で言葉遣いも性格も変わってきたようだ。

２）トラブルの中で育つ言葉

　保育者はトラブルを避けようと，つい子どもたちの中に入り声をかけてしま
う。しかし，今回のように保育者が間に入らないことで，子どもたちなりの解
決が可能になり，発展していくこともある。彼らはこれまでトラブルを通して
お互いの思いに気付き，共に作り上げる喜びを感じてきたのではないだろう
か。様々な体験をしながら，一人ひとりがそれぞれの葛藤を乗り越えてきたの
だろう。トラブルの中でなんとか自分のイメージを伝えようと，子ども同士が
言葉を選んで会話することも，言葉の発達には重要だと思われる。

3．高齢者とのかかわり

（1）親　近　性

　高齢者と過ごしているときの子どもたちの表情は柔らかで，言葉も優しい。
また，高齢者と子どもが共に何かをしているときの姿を後ろから見ると，どち

らが子どもかわからないほどよく似ている。似ているというのは，大きさや形ではなく，姿勢や背中の雰囲気である。高齢者と子どもには，何か通じるところがあるのではないだろうか。

事例5－5　「ケイちゃんみたいに…」

　ショウゴ（4歳）は，核家族で，普段高齢者と接することは少ない。この日は，曾祖父（ショウゴの祖母の父）の家へ遊びに行き，滅多に会わない90歳を超えている曾祖父の顔をじっと見つめていた。

ショウゴ：おじいちゃん！

曾祖父　：ん？

ショウゴ：おじいちゃんも，ケイちゃん（1歳の弟）みたいに…今から生えてくるんだあ。

曾祖父　：そうやのぅ。（そうだなぁ）（と，微笑む）

　なんと微笑ましい会話だろう。90近く歳の離れた二人の心が通じた瞬間である。ショウゴは，曾祖父のわずかになってしまった髪の毛を見て，同じように髪の薄い1歳の弟のようだと感じたのだ。高齢者に対するショウゴの親近性が，この素晴らしい会話を生み出したのだろう。

　河合は「老人と子どもとは不思議な親近性をもっている。子どもはあちらの

おじいちゃんもケイちゃんみたいに…生えてくる

3. 高齢者とのかかわり　　93

世界から来たばかりだし，老人はもうすぐあちらに行くことになっている。
（中略）青年や壮年がこちらの世界で忙しくしているとき，老人と子どもは不
思議な親近性によって結ばれ，お互いをかばいあったり，共感し合ったりす
る」[2]と，子どもと高齢者の親近性について述べている。また，吉村も「現役
から退いた老人は，世の中を，また別の角度から眺めることができ，子どもと
合い通じるところがあるのかもしれない。子どもはまだ見ぬ世界を夢見，老人
は過ごしてきた世界を夢見る」[3]という共通点を挙げている。

　子どもたちは高齢者と過ごす中で，人間という存在の素晴らしさと尊厳を感
じることだろう。

（2）　地域とかかわる力

事例5-6　「ゆっくりしてかれ」

　ミキ（2歳）は，両親が共働きで，普段は祖母と過ごすことが多い。よく
おしゃべりをする"おしゃま"な女の子として，近所でも評判である。ミキ
は，訪ねてくるお客さん全員に親切だ。

新聞勧誘員：こんにちは〜。

　ミ　キ　：はぁーい♪

　　　　　　（バタバタと家の奥から出てくる）

新聞勧誘員：あらあら，小さなご主人様。どなたかいらっしゃいますか？

　ミ　キ　：（少し，沈黙）

　　　　　　あら，あんた久しいねぇ！（あら，あなた久しぶりですね）

　　　　　　ちょっこ入られ，え。（少し，家に入って行きなさいよ，ねえ）

　　　　　　疲れたろ。ゆっくりしてかれ，（疲れたでしょう。ゆっくりし

　　　　　　ていきなさい）

1）人に対する親しみ

　もちろん，新聞勧誘員はミキの知らない人である。ミキも少し考えてみた
が，知らない人だと思ったようだ。それでもミキは，祖母が親しいお客に対し
ていつも言っているフレーズをそのまま使ったのである。

94 第5章 言葉を育てる人的環境

　ミキの住んでいる所は漁師町で，近所の人たちは，よくお互いの家を行き来している。そのため，この辺りの家に初めて訪れた人は，出てくる数名を目の前にして，一体どの人が本当にその家の人なのか，きっとわからないだろう。そんな環境で，祖母や近所の人たちと過ごしてきたミキにとって，お客さんには「家の中に入ってゆっくりしていってもらう」ことが，最高のおもてなしなのである。

　しかし昨今，都会だけではなく，田舎でもだんだんこのような良さが失われつつある。残念なことだが子どもたちには，「（今回のような）知らない人の中には，悪い人がいるかもしれない」ということを教えていく必要もあるだろう。それでもやはり，子どもたちには，人に対して疑う前に親しみを感じるようになってもらいたいものである。

　ミキは，祖母が近所の人たちと楽しく接する姿を見て，「人に対する親しみ」「信頼感」を十分に吸収していったのではないだろうか。そして，祖母をはじめ，周りに大勢の人々がいるという恵まれた環境で過ごしてきたからこそ，ミキは，年齢のわりにはよくお話しする"おしゃまさん"になったのだろう。

2）方言とは

　方言は，その地域の人々が生活の中で使い続け，受け継いできた文化であろう。方言を話せるということは，その地域に暮らしていくための大切なコミュニケーション手段を獲得しているといえる。

　高齢者と過ごす時間の中で，ミキはこの大切な方言を獲得することができた。これからミキは，その地域で長い時間をかけて洗練されてきた文化（方言）をさらに受け継ぎ，今度は次の世代にも継承していく担い手となっていくのではないだろうか。

（3）　ゆったりとした時間

　高齢者には，ゆったりとした時間が流れている。これまでの長い人生で，様々な経験をし，その中で多くのことを感じ学んできたことは，なにものにも代えがたい財産であろう。多くの体験は，自信とゆとりを生み出す。「生きて

いることこそが大切である」と知っている高齢者の生活には，余裕がある。この余裕が，子どもたちに心地よい時間と空間を与えてくれるのであろう。このゆったりとした時間の中でこそ，言葉を獲得するための土台が作られるのではないだろうか。

　ここで，耳の遠い高齢者と話す場合を考えてみよう。大人が耳の遠い高齢者と話すときには，時として忍耐が必要になってくる。なかなかこちらの言っていることが伝わらなかったり，間違って理解されて，話がややこしくなったりするからだ。そして，伝えたいことの半分も伝えないうちにあきらめてしまう。

　しかし，子どもはそのような状況にも決してあきらめない。お互いの思いが食い違って話が変な方向に行っても，子どもは気にすることなく，その方向で会話を楽しんだり，一から軌道修正し直したりする。そうやって自分の思いが伝わるまで，忍耐強くあの手この手で高齢者に話しかけ続ける。

　耳が遠いということは，時々，一部分しか聞こえないのだから，相手の話を勘違いしてしまうのは当たり前だろう。この「時々，一部分しか聞こえない」という状況は，言葉を多く獲得していない子どもが，普段大人の会話の中で感じる状況と似ているのではないだろうか。「時々，一部分しか知っている言葉がない」頃の子どもは，耳の遠いお年寄りと話すのが実に上手である。

おじいちゃんのおひざの中で

96　第5章　言葉を育てる人的環境

少ない情報でコミュニケーションをとるときには，時間がかかる。しかし，
忙しくしている大人にとって，高齢者との会話のように時間がかかることは，
億劫なのだろう。一方，高齢者と子どもの時間感覚は，よく似ているのではな
いだろうか。高齢者の周りに流れているゆったりとした時間が，かかわる子ど
もに焦りを与えず，何度も挑戦する気持ちをもたせるのかもしれない。

4. 保育者とのかかわり

(1) 繰り返す

事例5−7　「これがサッちゃんのね」

　サチコ（2歳）は，自分の思い通りにならないと癇癪を起こし手がつけら
れなくなる。この日は朝からおままごとコーナーで遊んでいたが，うまくい
かないとすぐに大声で泣き叫び，遊びが持続しない。保育者は，一緒におま
まごとで遊んでみることにした。

サチコ：これ，しぇんしぇ（先生）のご飯ね。

保育者：ふーん。先生のご飯ね。ありがとう。

サチコ：うん。そいで（それで），これがサッちゃんの。

保育者：これがサッちゃんのね。

　　　　（サチコは，しばらく黙って料理を続けている）

サチコ：これを入れて…

保育者：これを入れて…

サチコ：あっ，出ちゃった。（と泣きそうになる）

保育者：あっ，出ちゃったね。

サチコ：あははは。（と笑う）

　保育者は，サチコの言葉や行動に対して何か特別な言葉をかけているわけで
はない。ただ，ひたすらサチコの言葉を繰り返しているだけだった。しかし，
一人きりで遊んでいたときには泣いてばかりだったサチコも，保育者と遊び始
めてからは，機嫌よく遊ぶことができた。保育者が自分の言葉を繰り返してく

れることで，受け止めてもらったという満足感を感じたのだろう。

　保育者が子どものイメージを先取りせず繰り返すことで，子どもは自分の思いをあらためて確認し，イメージをはっきりもつことができるのではないだろうか。このような経験を重ねることで，子どものイメージは言語化し実現されていくことだろう。

（2）合　言　葉

> ### 事例5−8　「"さ・よ・お・な・ら"」
>
> 　入所したばかりの4月。ケンタ（3歳）は，母親と離れるのが辛く，玄関で泣き叫び，玄関から保育室（約10 m）までたどり着くだけでも，1時間程度かかっていた。保育者が何をしても，どう話しかけても，ケンタは一度も言葉を発することはなかった。
>
> 　少しずつ母親に帰る時間を早めてもらっていた4月の終わり。ケンタは，絵本（長新太作『おなら』）を見ているうちに母親がいなくなっていたことに気が付き，母の姿を探し始めた。
>
> ケンタ：(叫ぶように) お母たーん！お母たーーん‼
>
> 　　　　(しかし，母の姿は見当たらない)
>
> 保育者：あら，ケンちゃん。この絵本好きなの？
>
> ケンタ：　…　　(絵本を見ている)
>
> 保育者：あのね，先生もこの絵本，だーい好きなのよ。
>
> ケンタ：　…　　(絵本から目を離し，保育者の顔を見る)
>
> 保育者：(歌うように) "さ・よ・お・な・ら〜♪"
>
> ケンタ：(笑いながら) "ぷう　ぷお　ぷおお　ぶうう"

1）ケンタが興味のあることは？

　保育者が待ちに待った，ケンタが入所後初めて話した言葉は，「ぷう　ぷおぷおお　ぶうう」だった。"さ・よ・お・な・ら〜♪" というのは，絵本の最後に出てくるフレーズで，ケンタの言った "ぷう　ぷお　ぷおお　ぶうう" は，その隣のページにぎっしり書いてある「おならの音」の一部である[4]。このユー

モラスな響きに，ケンタと保育者は共に魅了され，二人の間を取りもつことになったのだろう。

　この日以降もケンタは，しばらく口を利くことはなかったが，ケンタと保育者は帰りがけに，「さ・よ・お・な・ら〜♪」「ぷう　ぷお　ぷおお　ぶうう」と，合言葉だけは交わすようになった。

２）二人だけの合言葉

　ケンタにとってこの絵本は，家にもある慣れ親しんだものだった。大好きな母がよく読み聞かせてくれる，母と自分をつなぐ大切な絵本。この大切な絵本を先生も大好きだという。興味のあることが同じだと，人は親しくなるものだ。さらに，二人だけの合言葉ができたことで，ケンタにとって保育者は，保育所の中で唯一安心できる居場所となったに違いない。自分の居場所があるということは，子どもに限らず，人が心地よく過ごすために必要不可欠である。

　この後５月になると，この合言葉は，次第にクラスの友達にも広がっていった。ケンタは，先生との大事な合言葉を「盗られた」と感じたのか，はじめは不機嫌だったが，そのうち，友達とも合言葉を交わすようになっていった。二人だけのものが，みんなのものに広がったことで，ケンタの世界も広がっていくことができたようである。

（３）まねをする

事例５−９　「まあ，おおきに〜♪」

　サヤカ（３歳）は，両親，祖父母，叔父，叔母，歳の離れた姉（小６）という家庭環境で甘やかされて育った。４月，幼稚園に入園するまでは，欲しいものは何でも手に入り，してもらいたいことも周りの人にしてもらって当然の生活を送ってきた。そのためか人に何かしてもらっても感謝することがなく，当然「ありがとう」も言えなかった。そして，６月のある日…
サヤカ：あれ〜？？　シャヤカ（サヤカ）のおくちゅ（靴）なぁーい！！
保育者：あっ，サヤカちゃんの靴ならトイレの前にあるよ。
サヤカ：まあ，おおきに〜♪

1）「まあ，おおきに～」が表す保育者の人柄

　保育者は東京に来て8年経つが生まれ育ったのは関西で，「まあ，おおきに～」が口癖だった。些細なことにも感激し，事あるごとに「まあ，おおきに～」と感謝する保育者。子どもたちは面白がって，朝，幼稚園に着いたとき，おやつを食べる前，帰るとき…など，感謝するときだけでなく，いろいろな場面で「おおきに～」をあいさつ代わりにしていた。保育者の温かな人柄が，子どもたちにも伝染していったようだ。しかし，サヤカだけは，「違う違う。いただきます，でしょ？」といった具合に，みんなと一緒にまねをすることはなかった。

　事例5－9は，そんな流行も一段落した6月頃のことである。とうとうサヤカが，感謝の言葉を口にしたのだ。いつも優しい柔らかな声で，「まあ，おおきに～」と心から感謝する保育者の言葉は，サヤカの意固地になっていた心も溶かしたのではないだろうか。

2）温かな雰囲気と信頼関係

　いつも鼻歌を歌っている保育者のクラスでは，子どもたちもまねをして「フフフ～ン♪」と鼻歌を歌っている。メロディやリズムがある生活は，温かな雰囲気をつくる。また，毎日歌を口ずさみながら過ごしている保育者の周りにいる子どもたちは，歌をよく知っている。言葉が遅いといわれる子どもも，歌のフレーズはよく覚えるものである。歌を通してその子の言葉は増えていくことだろう。

　「まねる」という行為のもとには「憧れ」があることが多い。保育者は，子どもたちに「先生のまねをしよう」と思われるような温かな雰囲気づくりと，憧れを抱かれるような信頼関係を築いていきたいものである。

5. 幼児の言葉を育てる保育者の役割

（1）きっかけをつくる

　保育の中では，制限された言葉を探すような遊び（例えば，「5文字の言葉を探そうといったゲーム」や「しりとり」など）をすることがある。ほとんど

の子どもたちは，興味深く言葉遊びを楽しんでいるように見えるが，中には緊張とプレッシャー，保育者の顔色うかがいで楽しめず，苦痛の時間になってしまう子どももいる。それは，友達や先生に間違いを正されたときに感じる恥ずかしさや失望感，できないことへの不安からくるようである。保育者は，一斉に活動する遊びの計画を立てるとき，子どもたち一人ひとりがどう感じるかをよく考え，配慮する必要があるだろう。

　子どもの言葉を育てるためには，保育の中で何か特別な活動をしなければならないというわけではない。子どもが言葉を発したとき，体で何かを訴えたとき，保育者がそのことを敏感にキャッチし，認め，共感していく。その積み重ねこそが，子どもの言葉を豊かにしていくのではないだろうか。

　保育者の側から何かを与えるのではなく，子ども自身がもっている力を引き出すきっかけをつくることが大切だろう。

（2）橋渡しをする

　言葉がまだ十分に話せない子ども同士の会話は，勘違いからトラブルに発展していくことがある。そんなとき，子どもと子どもとをつなぐ役割をするのは保育者であろう。

　年齢や状況にもよるが，「○○ちゃんは，『××』って言いたいのよね」「そして△△くんは，『○○ちゃんみたいにはしたくない』って言ったんでしょう？」といった具合に，保育者が会話のすべてを要約すると，それは，子どもたちの会話ではなくなってしまう。子どもたちは，お互いの言いたいことをわからない同士でなんとか理解しようとしている。その試行錯誤は，コミュニケーション力を高めるためにはとても重要だと思われるので，否定すべきではないだろう。

　保育者が，ほんの少しだけ言葉を添えたり，会話のヒントを提示したりすることで，十分に子どもたちの橋渡しができるのではないだろうか。

（3）信頼される

1）共通の話題が仲良くなる秘けつ

　保育者が，なかなか話をしない子どもの横に座った瞬間，たまたま二人同時にお腹が鳴ってしまった。すると，子どもが話し出したということがあった。「なんとか話をしてほしい」と，いろいろな方法を試してみても，その子の声を聞くことはできなかったのに，偶然の出来事で共に何かを感じたことが，その子の心を開かせたのである。

　「僕（私），○○好きなんだ」「先生も好きよ」ということから会話がふくらんでいくことがある。共通の話題があることで仲良くなっていくのである。仲良くなると会話は増え，その中で信頼感を感じ，安心して話ができるようになるだろう。

2）安心できる人

　子どもたちは，自分の言葉を聞いてくれる相手を探している。間違っていても笑わず，根気よく話を聞いてくれる人。急がせず，じっくりと正しい言葉を待ってくれる人。子どもたちが，安心して言葉を口にしてみることができる，そんな保育者の周りには，いつもおしゃべりな子どもたちが集まっている。

　今井は「耳をすましてみればいろんな音が聞こえてきますが，その聞こえる音（声）の中から私たちは，自分に必要な音（ことば）を選んで聞いているのではないか」[5]とし，「大勢の子どもたちがそれぞれに何かしら言いながら遊んでいる状況の中で，私たちはある特定の子どものことばを選んで聞き入れているようです」[6]と述べている。

　聞こえることと聞くことは違う。私たちは，大勢いる子どもたちの言葉の中から特定の言葉を選んで聞いているようである。"すべての言葉"が聞こえていないとすれば，「聞こえなかった言葉」「聞くことができなかった言葉」も，たくさんあるはずだろう。

　「聞いて，聞いて」という子どもたちの言葉には，できるだけ応えたいものである。

せんせい，楽しいね――生き生きとした保育者

3）保育者の存在感

　何か直接的な環境構成や援助をしているわけでもないのに，子どもたちが生き生きとしているクラスがある。子どもたちの会話も多く，とてもにぎやかだ。そんなクラスをよく観察してみると，そこにいる保育者がなんとも素敵な人であることがわかる。

　毅然とした態度で子どもたちと接しているのに，ユーモアもあり，包容力たっぷりの魅力あふれた保育者。その保育者が保育室にいるだけで，空気が温かい。その人の人柄が伝わってくるような保育室なのである。

　そこでは，保育者の存在自体が子どもの心を育てている。励まし，自信をもたせる。これが，存在感というものなのではないだろうか。満ち足りた気持ちでおしゃべりできるような場が大切なのだろう。

　そんな保育者になれるよう，一日一日を大切に豊かに過ごしていきたいものである。

■引用文献

1）梅棹忠夫・金田一春彦・阪倉篤義・日野原重明監修：講談社カラー版日本語大辞典，
　講談社，p.1127，p.1793，1989
2）河合隼雄：子どもの宇宙，岩波書店，p.133，1987
3）吉村真理子：絵本の匂い、保育の味，小学館，p.115，1998
4）長新太：おなら，福音館書店，1978
5）今井和子：子どもとことばの世界―実践から捉えた乳幼児のことばと自我の育ち，
　ミネルヴァ書房，pp.210-211，1996
6）前掲書5）

■参考文献

今井和子：0・1・2歳児の心の育ちと保育，小学館，1998
佐伯胖：「わかり方」の探求―思索と行動の原点―，小学館，2004
高杉自子・柴崎正行・戸田雅美編：新・保育講座⑩　保育内容「言葉」，ミネルヴァ書房，
　2001
村石昭三・関口準編：領域　言葉，同文書院，1990
柴崎正行・戸田雅美・秋田喜代美編：最新保育講座⑩　保育内容「言葉」，ミネルヴァ書
　房，2010
平山許江：平山許江　ほんとうの知的教育①　幼児の「ことば」の力を育てる，世界文
　化社，2015
子どもと保育総合研究所編：子どもを「人間としてみる」ということ―子どもとともに
　ある保育の原点，ミネルヴァ書房，2013

第6章
言葉を育てる文化的環境

1. 遊びと子どもの文化

(1)「文化」とは何か

　文化とは，衣食住をはじめ技術・学問・芸術・道徳・宗教・政治など，人間がよりよく，より豊かに生きるために，自然の状態に手を加えて作り出した生活形成の様式や内容をさす[1]。「文化」という語は，ドイツ語のKulturの翻訳語として大正時代に使われ始めたが，語源は〈耕作〉や〈栽培〉を意味するラテン語であり，それが芸術や学問などの人間の精神生活と，それによって生み出されるものをさすようになったといわれる[2]。
　文化は人間の長い歴史の中で培われ，人間の生活に大きな影響を与えている。私たちは母親の胎内にいるときからすでに文化に接しているのだ。
　例えば日本では，安産を祈願して妊娠5か月目の戌の日に，妊婦が木綿の白布を腹に巻く習慣がある。腹帯とか岩田帯と呼ばれるもので，妊婦の腹部を守るという実用的な目的だが，様々な汚れから子どもを守るという精神的な意味合いも含まれていると考えられる。現代では腹帯の代替えとして，着用しやすく効果的なコルセットが市販されている。にもかかわらず神社で御払いを受け，白布の腹帯を巻く習慣が廃れないのは，それが文化として根付いているからだろう。同じような意味合いをもった習慣は，世界中に存在する。しかし，地域によって方法は様々である。これは文化がその地域の気候風土や歴史と深くかかわりながら培われてきたからである。

グローバル化がすすむ現代，かつては出会わなかった異文化圏の人々が出会い，かかわりをもつようになった。異なった文化が混在する中で，よりよく，豊かに生きるために，人は新たな文化を創造し続けていく必要に迫られている。

（2）「子どもの文化」とは何か

「児童文化」「子ども文化」という言葉がある。解釈は様々だが，どちらも「子どものために大人が提供する文化・文化財」という意味合いが強い。しかし，大人の文化が自らの手で作り出すものであるように，子どもにも「子どもが子どものために作り出す文化」つまり「子どもの文化」と呼べるものが存在するのではないだろうか。

子どもの生活の中で重要な位置を占めるのは遊びである。一昔前までは，地域の中で年齢の異なる子どもたちが縦のつながりをもち，遊びを共有してきた。

年長児が遊びを考え，遊び道具を作り，様々な工夫を凝らして遊び，その知識や経験を年少児が継承し，新たな工夫を加えながら次の世代に伝えていく。これらの遊びこそ「子どもの文化」ではないかと考える。

1）光る泥だんご

十数年前から，各地の保育所・幼稚園等で泥だんご作りが行われるようになっている。これは NHK のテレビ番組「にんげんドキュメント」シリーズの中で放送された『光れ！泥だんご』（2001 年放送）という番組が火付け役になったといわれている。表面がピカピカに磨かれ黒光りする泥だんごの作り方を研究する，京都教育大学の加用文男氏と，泥だんご作りに没頭する保育園児の姿を追ったドキュメンタリーである。

泥だんご作りは，彼が発明したものではない。番組の中でも触れられているが，かつてはどこの保育所でも光る泥だんご作りが盛んに行われていた。それがいつの間にか途絶え，作り方を知る保育者も少なくなってしまったのだという。加用氏は子どもたちに泥だんごを紹介し，子どもたちがどんな反応を示

106   第6章　言葉を育てる文化的環境

し，どうかかわり，どう発展させていくのかを観察・研究しているのである。

　筆者は，光る泥だんごの作り方を知る保育者である。20年以上前に実習園で子どもから教えられた。その埼玉県の公立保育所では“鉄だんご”と呼ばれていた。作り方には様々な工夫とコツがあり，年長児から年少児に代々継承されてきたという。いつ頃から作られ始めたのか，誰が“鉄だんご”と命名したのかなど，詳しいことは保育者に聞いてもわからなかった。「ずっと前から続いている，この園の伝統的な遊びなのよ」という話だった。

2）泥だんごから“かたまり作り”への移行

　“鉄だんご”との出会いから2年後，同じ地区の私立保育所で光る泥だんごに再会した。その園ではただ“おだんご作り”と呼ばれていたが，作り方は同じだった。赤土に水を少量ずつ混ぜて練り，だんご状にまとめる。それに乾いた砂混じりの土（子どもたちは白砂と呼んでいた）を振りかけながら，表面を手で磨いていくのである。

　おだんご作りの中心は5歳児で，そばで4歳児が試行錯誤している。5歳児の中には名人級の子どもがいて，その作り方に注目が集まる。5歳児は教えるでもなく独り言のようにコツを伝授している。作りかけの泥だんごを，靴箱の外ばき用の奥にしまっておくのも暗黙のルールだった。泥だんごがもろいと持ち歩くだけで壊れるが，完成した泥だんごは黒光りして，土の上に落とした位では壊れない。完成するといつの間にか家に持ち帰るらしく，また新たに作り始める。おだんご作りはその後10年以上も，子どもから子どもに継承されていった。

　しかし，変化は突然現れた。ある時，子どもの靴箱の奥にプラスチックの砂場遊び用カップが置かれているのに気付いたのである。中に泥が詰まっていて表面がつるつるに磨かれている。子どもに聞くと「かたまり」だという。作り方はカップに泥を詰め，表面を白砂で磨くだけだ。固くなって黒光りしてきたらカップから取り出すと，表面から1cmほどがコイン型チョコレート状に固まるので“かたまり”というらしい。カップを使うので，泥をだんご状にまとめる必要がないし，磨くのも表面だけだから短期間で完成する。泥だんご作りが

苦手な子が思いついた苦肉の策かと思った。が，この遊びは瞬く間に広がり，翌年には泥だんご作りに取って代わったのである。原因はこの保育所の園庭の土だった。

3）「子どもの文化」と大人のかかわり

その保育所の子どもたちは，砂場の砂を運び出して別の場所で砂遊びをするのを好んだ。三輪車を倒して車輪をうすに見立て，ペダルを手で回す"粉挽きごっこ"や，カップで型抜きした砂ケーキを固定遊具の上に並べた"ケーキやさんごっこ"など，砂場の中ではできない遊びを楽しんでいた。砂はどんどん運び出され，園庭は砂漠化していった。土に含まれる砂が多くなると，粘り気が減ってまとまり難くなる。子どもたちは赤土を求めて園庭を掘り返したが，泥だんご作りに必要な赤土は少量しか入手できなくなったのである。

"かたまり"作りでは固めるのは表面だけなので，カップの大部分に砂まじりの土を詰め，泥は表面1〜2cm程度で済む。泥だんご作りに必要な泥が手にはいらなくなったことで考え出されたのが"かたまり"だったのである。

以来，かたまり作りは今も続いている。たとえ園庭の土を赤土に入れ替えたとしても，泥だんご作りは復活しないだろう。作り方を知っている子どもがいないからである。もしも保育者が土を入れ替え作り方を紹介したら，泥だんご作りが始まるかもしれない。しかしそれは復活ではない。今の子どもたちにとっては新しい遊びだからだ。大人のかかわりはきっかけに過ぎない。それが文化になるか否かは，子どもたち自身にかかっているのである。

2．文化にふれることの意味

（1）生活の中の文化

文化という言葉から連想されるのは，芸術・音楽・文学・伝統芸能など主に教養や趣味の領域に属する事柄ではないだろうか。しかし，文化は人間の生活をよりよく，より豊かにするために作り出されたものであり，衣食住から政治・経済・法律・宗教に至るまで，私たちの生活全般は文化の中にあるといってよ

いだろう。

　例えば，日本式住居では室内に入るときは靴を脱ぐ。畳敷きの部屋はもちろん，板敷きでも同様である。室内で靴を脱ぐという様式は日本から東南アジアなど高温多湿な気候の地域で発達している。湿度の高い場所ではカビも生えるし，細菌も繁殖しやすい。靴に付いた土やほこりを家の中に持ち込むのは不衛生だ。

　しかし，最近ではエアコンの普及により，一年中快適な温度・湿度で生活することが可能になっているし，全室フローリングで畳がない住宅もある。にもかかわらず室内で靴をはいて生活している人はまだまだ少ないようだ。これは，靴を脱ぐという様式が，その他の生活習慣全般に及んでいるだけでなく，文化としても根付いているからではないだろうか。

　箸も同様に考えられる。箸を使う民族の多くは米を主食にしている。炊き立ての御飯は熱くて手では持てない。そこで落ちていた木の枝を拾ってそれで食べたのが始まりではないかといわれる。弥生時代の遺跡から，枝を折り曲げてピンセット型にした箸が出土している。ちなみに欧米では主にナイフとフォークを使用するが，これも狩猟民族だった祖先が獲物の肉をナイフで切り，突き刺して食べた習慣から発達したといわれている。

　現在の日本では，食事の内容によって箸とナイフ・フォークを併用しているが，やはり主に使用されるのは箸だろう。乳幼児の場合，初めは使いやすいスプーン・フォークを使用させるが，3歳を過ぎると箸の持ち方の指導を始めるのが一般的である。自己流の持ち方をしていても食べ物がつかめないわけではないが，正しい持ち方のほうが機能性が高い。また「箸の上げ下ろしまで」という古くからの言い方があるように，箸の持ち方は礼儀作法の基本であり，文化として定着しているのである。

（2）文化のもつ人間的・教育的意味

1）文化と人間らしさ

　人間の生活をよりよく，より豊かにするために作り出された文化は，元来は

機能性・実用性から考えられ認知され広まったと思われる。が，機能性・実用性だけなら正しい箸の持ち方を指導する必要はない。どのような持ち方でも食べ物がつかめればよいからだ。あえて指導するのは，それが単に持ち方ではなく，一緒に食事をする他人を不快にさせないための礼儀作法でもあるからである。これは欧米のテーブルマナーと同じである。同じテーブルで食事をするということは，単に物を食べることではない。テーブルは社会のルールを学び，コミュニケーション力をみがき，お互いの知識や経験を交換し合う社交の場なのである。

　食物を摂取するという行為は，生き物にとって欠くべからざる行為である。しかし，ただ食べるのではなく，そこにルールや機能美を追求し，よりよく，より豊かに生きていくことを考えて文化にまで高めたところが，他の動物とは異なる人間的な点といえるだろう。

2）文化と教育

　人間の特徴は道具を使うことだといわれる。道具を使うことも文化である。しかし，一部の類人猿では道具を使い，それが群れの中で代々継承されている事例が確認されている。ではこれも文化と呼べるかというと，残念ながら少し違うようだ。それは継承の方法にある。

　野生のチンパンジーの場合，学習能力は5歳程度までしかなく，それ以後は新たな能力を身に付けるのは難しいといわれる。ある一つの群れの中で，他の群れとは異なる餌の食べ方をしていたとすると，成体になってから群れに合流したメスは，他のチンパンジーが食べているのを見てまねをしても，身に付けることができない。が，そのメスが群れの中で生んだ子どもは，他のチンパンジーを見て学習することができるのだという[3]。しかし，人間が研究対象として飼育している類人猿の中には，5歳を過ぎても学習能力を発揮し，コンピュータを使い，キーボードで会話をするものがいる。もちろん研究対象として選ばれたチンパンジーは通常より能力が高いという可能性はあるが，この学習能力の違いは教育的かかわりの有無ではないだろうか。

　野生のチンパンジーの場合，他の個体の行動を見て学習するだけで，誰も教

えてくれない。一方，飼育されているチンパンジーには人間が教えるという教育的かかわりが存在する。教えられることで理解が容易になり，より高い能力が引き出されていったとしても不思議ではない。

　見てまねをするだけでは，正しく継承されるとは限らない。自らの手で作り出した様式や内容を継承するための教育的かかわりが存在してこそ，文化といえるのではないだろうか。

（3）子どもの成長と文化

1）子どもの成長と環境

　私たちは文化の中に生まれ，文化の中で生活している。子どもたちも例外ではない。むしろ自分の環境を選べない子どもたちのほうが，文化の影響を強く受けているといえるだろう。人種・性別・遺伝的要素から受ける影響よりも，環境から受ける影響のほうが強い。一つの事例を通して，そのことを考えてみたい。

2）文化的・教育的環境の影響

事例6－1

　発達が遅れているということで保育所に入所してきたマリコ（3歳）は，家庭環境に問題があった。母親は出産直後から心の病となり，離婚して実家近くに転居。身の回りの世話は祖母がしてきたが，母親がマリコを離さず，一日中黙って暗い部屋の中で抱き続けていたという。心配した祖母が役所に相談し，入所の運びとなったのだが「子どもを盗られるのではないか」という母親の不安が強く，担任保育者は対応に苦労した。

　入所当初，マリコには言葉の遅れが見られたが，落ち着きがあり，話しかけると身振りで答えるなど，発達遅滞とは違う所見だった。集団生活への順応も早く，半年後にはほぼ平均的な3歳児の会話力に追いついた。その後も他の子どもと共に集団生活を続け，3年後の公立小学校の入学前健診では何の問題もないと診断され，普通学級に就学していった。

マリコの発達遅滞は，母親がほとんどしゃべらず外部からの刺激も少ないと

いう特殊な環境が原因だったと考えられる。言い換えれば，人間としての機能に問題がない子どもでも，文化的・教育的環境に恵まれないと，発達遅滞を疑われる状態になるということである。マリコの場合は，3歳という人間関係が発達する時期に集団生活に入り，保育者や他の子どもと文化的・教育的かかわりをもったことで，本来の能力を伸ばすことができたが，対応が遅れていたら取り返しのつかないダメージを受けていたかもしれないと考えると，文化が人間に及ぼす影響の大きさを痛感せざるを得ない。

3. 保育の中の文化財

（1）児童文化財とは何か

　児童文化財とは，主に大人が子どものために作り出してきた文化的所産をさす。児童図書・雑誌・新聞・テレビ・映画・演劇・音楽・舞踏・玩具などのほか，近年ではDVD・パソコンなども加わり多様化の一途をたどっている。中には，大人のために開発された機器の子ども向けソフトもあり，現時点では子どもの心身の発達に及ぼす影響が解明されていないものも多い。

　児童文化財は大人が創造して子どもに提供する形式のため，子どもが受け身になる懸念や，子ども自身が遊びの中から作り出す「子どもの文化」と区別する考え方もあるが，すぐれた文化財はそれ自体が文化の継承であり，子どもの好奇心や想像力を刺激し，様々な発達を促す効果があると考えられる。大切なのは，多様化する文化財の中から，子どもによい刺激を与えることができるすぐれた文化財を選択し，それを適切に提供していくことだろう。

　ここでは保育の中で活用される児童文化財についてふれていきたい。

（2）保育の中の文化財の特徴と活かし方

1）児童図書・雑誌

　児童図書・雑誌はテレビ・DVDなどの映像文化やパソコンの出現による活字離れが原因で衰退傾向にあるといわれていたが，近年「読み聞かせ」が見直

112 第6章 言葉を育てる文化的環境

されている。絵も写真も動かず，効果音もない分，読み手の声に集中しながら，読者である子ども自身がイメージをふくらませることができるのが本の魅力だろう。お話の世界での疑似体験や追体験が思考力・洞察力・想像力の発達を促し，豊かな人間性を育んでいくのである。

a）絵　本

絵本とは，絵と文章で表現された文学の一形式である。"子どものための本"という認識が一般的であるが，実際は赤ちゃんから大人まで幅広い年齢層向けに，様々な内容や形態の絵本が創作され市販されている。出生率低下による子どもの減少で，大人をターゲットにした絵本を出版せざるを得ないという事情もあるが，問題を抱える現実社会では，大人たちが心の安らぎを絵本に求める傾向にあり，そのニーズに応える形で"癒し系"と呼ばれる絵本が相次いで出版されている。

また，乳幼児の早期教育にも注目が集まり，様々な効果を謳った絵本も多く出回っている。多様化自体を一概に悪いとはいえないが，多種多様になればなるほど，子どもにとって本当に優れた絵本を選択するのが難しくなるため，保育者はもちろん保護者にも絵本に関する専門知識が必要となってくる。ここでは，子どものための絵本を主な種別に分けて紹介する。

① 赤ちゃん絵本（First Books）

低年齢児向け絵本の総称であり，対象年齢は出版社によって異なり，0歳から3歳までと幅広い。"認識絵本"，"知育絵本"，"あそびえほん"，"あかちゃんえほん"といった副題が付いているものが多い。絵は単純な形とはっきりした色使いで描かれ，単語や擬音などの短い文章が付く。絵本自体にも工夫があり，子どもたちが自分で持ちやすい小さめのサイズや，危険防止に本の角を丸くしたもの，舐めても安心なように抗菌コートを施してあるものもある。

絵から内容を読みとる形式の文字なし絵本や，簡単なストーリーがある場合もあるが，子どもが一人で読むというよりは，大人と子どもが一対一で絵本を通してコミュニケーションを楽しむことが大切であり，それが子どもの言葉の発達や心の発達に効果がある。低年齢児にとっての絵本は，誰とどんなふうに

読むかが重要であり，どんなに優れた絵本でも，ただ与えておくだけでは効果を発揮しない。

②　**創作物語絵本**　　特定の作者が創作した物語を絵と文章で表現した絵本。幅広い年齢向きに多種多様な内容の絵本がある。絵本自体に対象年齢が明記されている場合もあるが，記載されていない絵本のほうが多いため，子どもに読み聞かせる場合は内容から判断するしかない。

「文字が少ない絵本は内容も簡単」と絵本全体を判断する人がいるが，これは誤りである。元来，絵本は絵の比重が大きく，全く文字がなくても内容を表現できる文学だからである。

文字のない戦争の絵本や短い言葉で人生を語る哲学的な絵本もめずらしくない。また，「絵本＝文字が少ない」という認識をもつ人もいるが，これも違う。前述の大人向け絵本だけでなく，童話として書かれた作品（例えば宮沢賢治の『注文の多い料理店』の絵本版や，グリム童話（ドイツ民話）のような昔話の絵本版）は，小さい活字がびっしりと並んでいる。もともと童話として書かれたものは，文章だけですべてを表現しているため，そのまま絵本版にすると文字が多すぎるのである。そのため原作の文章を削ったり，物語自体を省略した粗悪なダイジェスト版もあるので注意が必要である。

子どもにとっての優れた絵本を選ぶポイントは〈絵から物語を読みとれるか否か〉である。絵本選びのとき，あえて文字を読まずにページをめくり内容を把握してみよう。絵から物語を読みとるのである。最後まで読んだら初めに戻り，今度は文章を読んでみよう。絵だけから読みとった内容と，文字も読んで理解した内容が80％程度合っていたら，その絵本は「絵から物語を読みとれる」子どものための絵本だといえる。ただし，会話や言葉のリズムの面白さは文章を読まなければ味わえないので，大人による読み聞かせが重要なのである。

③　**昔話絵本**　　昔話は民話・おとぎ話とも呼ばれる，民間に伝わる伝承話をさす。本来昔話は子どものためのものではなく，文字の読み書きができない庶民が，生活の知恵や戒めを，物語になぞらえて語って聞かせたものである。それが次第に娯楽として発展し，語り継がれる過程で各地の風習や伝説と融合し

たり，語り手の創作や添削が加わって変化したものと考えられている。

　地域に伝わる伝説や言い伝えが基になっている話もあるが，多くの話がいつの時代に誰によって作られたのか不明のまま，語り継がれ今日に至っている。日本だけでなく世界中に似た話が存在するのも興味深い。

　昔話絵本は，本来口伝えであったお話を文字で書き留め，絵を付けてまとめたものである。語り手がいないと聞くことができない昔話を，誰でもいつでも楽しむことができるようにした点は評価したい。しかし文章にまとめる際，わかりにくい表現を整えたり，物語の展開を省略したり，方言を標準語に直したため，様々なバリエーションがあった原話が最も一般的な話に統一されることになってしまった。また，昔話の語り口や登場人物を使って現代の作家が創作した「創作民話絵本」というジャンルもあり区別しにくいが，良質の昔話絵本には，原話が採集された地域やお話の由来が明記されているので参考にするとよい。昔話には昔の人々の生活の様子や時代背景が描かれているので，文化の継承という意味でも昔話絵本の役割は大きいといえる。

　④ **自然科学絵本**　　自然科学と聞くと図鑑を連想する人も多いが，雨や風などの身近な自然現象から，動物・植物・昆虫・魚・天文学・地質学・食物学など幅広い分野に関する日常的な疑問に，わかりやすく答えてくれるのが自然科学絵本である。

　自然科学絵本の特徴は，事実を基にしながらストーリー仕立てにしている点である。実際には存在しない妖精や小人を登場させて説明したり，動物や植物を擬人化することで，子どもたちが理解しやすいように工夫している。これは，幼児がもつアニミズムという考え方を利用していると考えられる。お話として読めるため，自然科学に興味がない子どもも楽しめる。

　子どもたちが日常生活の中でふと感じた疑問に，正確かつわかりやすく答えるのはむずかしいが，自然科学絵本を活用すれば子どもの疑問に答えるだけでなく，関連する事柄についての詳しい情報を得ることができるので，子ども自身が考えたり，試したりする意欲につなげることも可能である。

　また，動物の生態や植物の成長など自然に恵まれていてもなかなか見ること

ができない事柄も，自然科学絵本なら手軽に見ることができる。本物の自然に触れる体験は大切だが，それだけでは不十分な点を本で補足すると考えるとよいだろう。

⑤ **月刊絵本**　主に保育所・幼稚園等で定期購読されることを目的に発行されている，幼児向きのソフトカバー絵本である。予約販売形式と製本の簡易化でコストを抑えているため，書店で販売されるハードカバーの絵本の3分の1程度の定価で入手できる。また，First Books・物語絵本・自然科学絵本・学習絵本・総合保育絵本などテーマ別や対象年齢別になっているので選びやすいという特徴がある。

とくに学習絵本や総合保育絵本は，保育所・幼稚園等の保育活動に活用することを目的に作られている。保育所保育指針や幼稚園教育要領等の5領域を基に，季節の自然や行事，子どもの年齢別発達段階に合わせた内容になっているので，読むだけでなく，子どもたちと一緒に考えたり，話し合ったり，調べたり，活動するきっかけとして積極的に取り入れていくとよいだろう。

b）児童文学（童話）

児童文学とは「児童のために大人が創作した文学作品」である。低学年向きを童話，高学年向きを児童文学と区別する考えもあるが決まりはない。

児童文学の特徴は，主人公が子どもであるということだ。主人公の年齢・性別・性格・環境設定は作品によって異なるが，子どもならではの悩み，不安，葛藤，夢などが主題になっている。読者である子どもたちが主人公に自己を投影して，疑似体験や追体験をすることで，成長の節目に誰もが抱える問題を考え，共感し，問題解決のきっかけを得ることが作品のねらいである。

児童文学＝ファンタジー（現実には起こり得ない事柄が起こる。魔法使いや妖精が登場する。不思議な世界に行く，または来る話など）だと考えている人も多いが，それらは児童文学の中の1ジャンルに過ぎない。現実社会を舞台にし，現代社会の抱える様々な問題（離婚・リストラ・不登校・家庭内暴力・介護・障がい・戦争・差別など）をテーマにした作品もある。

近年，『指輪物語』（J.R.R.トルーキン原作）や『ハリー・ポッター』シリーズ

116　第6章　言葉を育てる文化的環境

（J.K.ローリング原作）などの長編ファンタジーが相次いで映像化されている。これは単に娯楽性が高いというだけでなく，これらの作品に人間が生きていくための普遍的なテーマが描かれているからだろう。

2）紙　芝　居

　紙芝居とは，紙に描かれた絵を1枚ずつ引き抜いて見せながら，紙の裏側に書かれた物語を読んで聞かせる，日本独自の文化財である。

　紙芝居の歴史は古く，絵巻や掛け軸に描かれた絵を見せながら仏教の教えを説いた〈絵解き〉がルーツといわれ，その後現在のペープサートのような形の〈立絵〉に変化し，昭和初期に現在の形になった。紙芝居という名称は〈立絵〉の時代に，紙人形に芝居をさせたことから付いたといわれ，その名称が定着したものと思われる。昭和初期の紙芝居は『黄金バット』に代表されるように娯楽性の強いもので，子どもの情操教育に悪影響を与えると批判されていたが，子どもたちを引きつける紙芝居の魅力に注目し，これを積極的に教育の現場で活用しようとする〈教育紙芝居運動〉*が始まった。現在保育の場で使われている紙芝居は，この流れを汲んでいるといわれる。

　紙芝居の特徴は，多人数の観客に演じて見せることを目的に作られていることである。大勢で見やすいように無駄を省いた絵と演じ手の語りで物語が展開していく。紙の抜き方の違いで物語を盛り上げたり，声色の変化で人物を演じ分けるなど，演じ手の技術で劇的な世界を作り出していく。ひとくちに紙芝居といっても種別があるので，保育のねらいに適したものを選んで活用したい。

　① 行事紙芝居　　季節行事や園行事の由来や内容を知ったり，興味をもって参加するための導入に利用するとよい。子どもたちの生活に密着した園行事（入園・遠足・運動会・作品展・発表会など）から伝統行事（七夕・お月見・餅つき・節分など）まで幅広く網羅している。絵本ではなかなか見られないテーマのため，紙芝居ならではといえる。

　② しつけ紙芝居　　基本的な生活習慣や，集団生活のルール，情操教育などを

＊　教育紙芝居運動：街頭紙芝居の魅力に注目した松永健哉らによって，昭和初期の紙芝居最盛期と同時期に始められた。

テーマにした紙芝居。5領域に対応した内容になっているものが多く，ねらいも明記されているので選びやすい。本来は実体験を通して身に付けていくものであるが，紙芝居による疑似体験・追体験によって理解を深めることができる。

③ **防災紙芝居**　　火災や地震など災害時の対処法を学習するための紙芝居。絵と文章で説明されるので子どもも理解しやすい。低年齢向きと高年齢向きでは内容に違いがあるので，発達段階に合わせて選びたい。避難訓練と併用すると効果的である。

3）人 形 劇

　様々な形式の人形を使って歌や劇を演じるもので，舞台を使って複数の人間が演じる大がかりなものから，舞台を使わずに一人で演じる手軽なものまで幅広い。保育の場では保育者が演じて子どもに見せることが多いが，子ども自身が人形作りに取り組んだり，劇遊びを楽しむなど，様々な活動への展開が考えられる。

① **指人形**　　指にはめて動かす人形。軍手やフェルトなどの素材で指にはめる筒を作り，顔や手足を貼り付けたもの。手芸用ボンドを使えば子どもでも簡単に作ることができる。指にはめるだけなので，いつでもどこでも演じることができるのが魅力。大人なら一人で何役もこなしてお話を上演することもできる。子どもが知っているお話の登場人物を作っておいて，自由に使って劇ごっこを楽しめるようにしたり，子どもが作る場合は，好きなキャラクターを作ってオリジナルのお話を演じて遊ぶとよい。

② **ペープサート**　　ペーパーパペットシアター（紙人形劇場）がつまった略語。画用紙で作ったうちわ状の絵人形を動かして演じる人形劇。裏表に同じポーズで左右逆向きを描いた基本人形と，ポーズが異なった絵を描き反転させることで動いているように見せる活動人形の2種類を組み合わせることで，様々な表現や演出ができる。専用の舞台（発泡スチロール・ダンボール・木片などにキリで穴をあけ，人形の棒を刺して支える）を使うと操作しやすいが，市販の人形劇用舞台や，つい立てに白布を掛けた即席舞台の後ろからペープ人形を出して演じてもよい。子どもが作る場合は，画用紙に絵を描いて切り抜

き，裏側に割ばしを貼り付けるだけでよい。雑誌や広告紙の写真を切り抜き，画用紙に貼って同様に作れば，絵が苦手な子どもも気軽に人形作りができる。完成したペープ人形を手に持って動かしながら言葉のやりとりをすれば簡単な劇遊びになる。

③ **パネルシアター**　ネル生地を張ったパネルにPペーパー（厚手の不織布）で作った絵人形を貼ったり，はがしたりしながら歌や物語を演じる人形劇。

毛ばだちのよい布は，布どうし付着するという特性を生かした手法で，従来はフランネルグラフと呼ばれていた。ネル生地とPペーパーを使用する現在の形を創案し，パネルシアターと名付けたのは古宇田亮順。現在は国内はもとより海外でも高い評価を受け，音楽教育・語学教育・社会活動などに幅広く活用されている。パネルシアターの作り方・演じ方の参考図書も多数出版されているので参考にしたい。

パネルシアターの絵人形はPペーパーに絵を描いて切り抜くだけなので，子どもでも簡単に作れるし，貼ったり，はがしたりするだけなら低年齢児でも参加できる。演じて見せるだけでなく，子どもたちと一緒に歌ったり言葉のやりとりを楽しんだり，子ども自身に演じてもらうとよい。

④ **エプロンシアター**　エプロンシアターは，中谷真弓によって創案され，1979（昭和54）年『幼児と保育』（小学館）で発表された，胸当て式エプロンを舞台にした人形劇。

エプロンに背景を縫い付け，演じ手がポケットからぬいぐるみ人形を取り出してお話を演じる。エプロンと人形の両方に面ファスナー（マジックテープ）を付け，演じながらエプロンに人形を付けたりはずしたりする。また，人形を手に持ったりエプロンに付けたまま，演じ手が表情や身振りなど全身でお話を演じるなど，人形劇・演劇・素話や語りの三つの要素を合わせた独特の世界といえる。フェルト人形の柔らかい質感とエプロンのポケットから出てくるという意外性が子どもをひきつける魅力である。

人形作り自体は子どもにはむずかしいが，子ども用サイズのエプロンを用意すれば，大人用の人形を使って演じて楽しむことができる。

4. 文化財を介しての子どもたちのかかわり

（1）かかわり合いと言葉の育ち

　言葉は人間だけがもつ独自の能力である。人間以外の動物も仲間に何かを伝えたいときや，自分の感情を表現したいときに鳴き声を発するが，それは音であって言葉ではない。

　人間の言葉は，様々な音を組み合わせてつくられた高度な能力である。しかし，人間は生まれたときから言葉をしゃべれるわけではない。生後しばらくは泣き声のみで感情表現をしている。それがそばにいる大人の言葉を聞くことで言葉を理解し，自分でもしゃべれるようになっていく。

　言葉の発達は環境との相互作用が大きい。身近にいる人間がどのような言語をしゃべっているかによって母語が決まってくるし，大人の言葉がけの質や量によって子どもの言語能力の発達にも違いがでてくる。そのため，子どもの言語環境を整えるために外国語の視聴覚教材を与えたり，絵本の読み聞かせをして言葉を学習させようとしたり，無理にしゃべらせようとしがちだ。

　しかし，言葉はもともと何かを伝えたいときや，感情表現をするためのものである。言葉を育てたいなら「このことを伝えたい」という気持ち〈コミュニケーション意欲〉を育てることが必要なのである。相手に伝えたい気持ちや意欲は一人では生まれない。大人と子どものかかわり合い，子どもと子どものかかわり合いが言葉を育てていくのである。

（2）子どもの遊びと言葉

　子どもの遊びは一人遊びから平行遊び，複数遊び，集団遊びへと移行していく。一人遊びや平行遊びの時期はとくに言葉を必要としないが，複数遊びに移行すると言葉が重要な役割をもつ。他児の遊びや玩具に興味をもったとき，何らかのアプローチが必要になるからだ。

　「そのおもちゃがほしい」「一緒に遊びたい」という欲求を相手に伝えるには

言葉が有効である。はじめは黙っておもちゃを取ってけんかになったり，「なかまにいれて」と言えずにそばで見ていたりする。相手が大人の場合，黙っていると大人側が子どもの状況を推測してアプローチしてくれる。しかし，子ども同士の場合は自分で伝えられなければ遊びは発展しない。年齢が上がるにつれて言葉による意思の伝達の必要性は増していく。電車ごっこなどの見立て遊びや鬼ごっこなどルールのある遊びをするには，役割分担の確認やイメージの共有のための言葉のやりとりが不可欠だからだ。伝えたいという「コミュニケーション意欲」と実際に伝えるための「コミュニケーション力」が必要になる。

コミュニケーション力とは「話すこと」「聞くこと」「伝え合い」の三つの要素でできている。子どもたちは遊びのなかで，身振り手振りに単語を組み合わせたり，知っている言葉を活用したり，相手の言葉を注意深く聞き，通じ合う体験をすることでコミュニケーション力を身に付けていくのである。

最近，子どものコミュニケーション力の低下が懸念されている。子どもたちが一緒に遊び，かかわり合う機会が減ったことが原因ではないかと考えられている。玩具やゲーム機での一人遊びでは言葉を発する必要がないし，すでに完成された既成の遊びでは自分の考えや気持ちを相手に伝えたり，相手の言葉に耳を傾ける必要もない。「これを伝えたい」という意欲そのものが喪失しているのである。

人間だけがもつ言葉という能力の育ちを促すためには，コミュニケーション意欲を育てることが大切であり，子ども同士のかかわり合いを生み出す機会が必要だといえよう。

（3）文化財を介しての子どもたちのかかわり

言葉の育ちを促すために，子どもたちが一緒に遊び，かかわり合う機会をつくり展開させる要素として，児童文化財を有効活用したい。

例えば絵本は，様々な疑似体験や追体験が豊かな言語で表現されている。子どもたちは読み聞かせによって物語の世界に浸り，登場人物に共感したり同化

して，考えたり感じたり行動する。現実の生活では体験できない様々な喜怒哀楽の感情や新しい言葉や表現との出会いが，豊かな感情表現や想像力を育てていく。そして，絵本から受けた感動や不思議に感じたことを誰かに伝えたいという気持ちが生まれてくる。複数の子どもたちが同じ絵本を読めば，共通の話題やイメージをもつことができ，言葉のやりとりを楽しんだり，登場人物になりきってごっこ遊びをしたり，お話に登場したものを話し合いながら作るなど，様々な遊びに発展させることもできるのである。

　人形劇の場合も，子ども自身が演じることが重要だ。演じるということは自分以外のものに変身することである。人間は誰でも変身願望や自己顕示欲をもっている。役になりきって言葉のやりとりをしたり，それを他者に見せる体験は自信や達成感につながっていく。そのためにはまず大人が人形劇を演じて見せ，お話の面白さや演じる楽しさを感じてもらうことが必要である。

　子どもたちは遊びという体験を通して様々なことを学んでいく。しかし，知識も経験も少ない子どもたちだけでは遊びの広がりに限界がある。すぐれた文化財は子どもたちのかかわり合いを生み出し，遊びを展開させる要素になるのである。

5. 地域の中の文化

（1）地域の中の文化とその重要性

　文化は人間がよりよく，より豊かに生きるために作り出したものである。しかし，同じ国の中でも，地形や気候が違えば生活全般の様式が違うし，産業も違う。電気もガスも上下水道も完備されていなければ，その土地の気候風土に合った生活様式で暮らすしか方法がない。大昔は人や物の移動が容易ではなかったため，庶民の多くは生まれた土地から一生離れることがないし，他の地域の情報は滅多に入ってこない。そのためそれぞれの地域の気候風土や歴史によって独自の文化が生まれ伝えられてきた。なかには宗教や言い伝えと結び付いた風習が文化として継承されている地域もある。

しかし現代では，人の移動や物の流通は盛んになり，通信網で世界中の情報が瞬時に手に入る。生活全般も電化され，家に入れば世界中どこでも同じ生活を送れるといっても過言ではない。それは確かに便利で暮らしやすい。しかし，様々な文化が入り交じることで地域性は薄れ，地域社会の中に生きている文化が消えつつあることは問題である。

地域の中に生きている文化は，その地域でよりよくより豊かに生きるために最も適した生活形成や内容を伝える，地域の歴史であり先人の知恵である。どんなに文明が発達しても人間は万能ではない。災害や不測の事態に対応したり地域の人間関係を保つために，長い時間をかけて積み重ねてきた経験と知識の産物は次代の子どもたちに継承されなければならない。文化は一度途絶えると復活はむずかしい。地域の文化を子どもたちに伝え，その意味や意義をともに考える機会を積極的につくることが求められているのである。

（2）文化的施設の保育への活かし方

文化的施設とは，様々な文化に触れ学ぶ機会を提供するために設置された施設である。児童館，図書館，博物館，科学館，美術館，水族館，動物園，植物園，プラネタリウムなどがある。専用の建物や設備と専門的な知識をもつ人員が配備され，訪れた人が専門知識を楽しくわかりやすく学べるように工夫されている。公共の施設が多く，子どもや団体は優先的に利用できる施設もある。

地域の文化的施設を保育に活用する場合，事前に施設の所在や内容を調べておくことが重要である。子どもの年齢，利用の目的，利用時期などの条件をもとに利用可能な施設をリストアップしておくとよい。

実際に利用する場合は，施設の職員と連携をとって有効な利用方法を聞いたり，事前に施設内容に関する予備知識を子どもたちとともに話し合ったりして，興味・関心を高める工夫も大切である。遠足や親子教室などの園行事として施設を利用する場合は，園便りなどで保護者に利用目的を伝えておくと有意義な訪問となり教育的効果が高まるだろう。

文化的施設の利用は，保護者や保育者以外の大人とのかかわり合いを体験す

5. 地域の中の文化　　*123*

る機会でもある。説明を聞いたり質問をしたりというやりとりや公共の場での
ルールを学ぶことは，言葉の育ちだけでなく様々な発達によい影響を与えるこ
とができるだろう。

■引 用 文 献

1) 原昌，片岡輝編著：児童文化，建帛社，2004
2) 原昌，片岡輝編著：児童文化，建帛社，2004
3) 松沢哲郎：おかあさんになったアイ，講談社，2001

■参 考 文 献

原昌・片岡輝編著：児童文化，建帛社，2004

浅岡靖央・加藤理編著：文化と子ども，建帛社，2003

阿部明子編著：保育内容言葉，建帛社，1989

岸井勇雄編：視聴覚教育，チャイルド本社，1991

中川信子：幼児のことば，新医協東京支部，1992

松沢哲郎：おかあさんになったアイ，講談社，2001

中谷真弓：お話いっぱいエプロンシアター，小学館，1993

古宇田亮順・阿部恵：こうざパネルシアター，東洋文化出版，1996

増田裕子：増田裕子のミュージックパネル，クレヨンハウス，1991

永柴孝堂編著：ペープサート人形画帖，白眉学芸社，1975

阿部恵：新ペープサート，ひかりのくに，1998

加用文男：光る泥だんご，ひとなる書房，2001

森昭雄：ゲーム脳の恐怖，NHK 出版，2002

右手和子・西山三郎・若林一郎：紙芝居をつくる，大月書店，1990

第7章
幼稚園・保育所・認定こども園での言葉の生活

　本章では，幼稚園や保育所・認定こども園（以下「幼稚園・保育所等」とする）において子どもたちがどのような園生活を送っているのか，実際の子どもたちの姿を言葉という部分に光を当てて見ていく。

　各節は，子どもの年齢に厳密に対応したものではないが，乳児期から幼児期にかけての発達の方向に添って園生活の様子を描くように努めた。本章で言葉を使った子どもたちの生活の姿を見ていくことによって，家庭とは違う生活の場で子どもが環境と主体的にかかわり，自分の世界を広げ，友達とのかかわりを豊かに繰り広げていくプロセスの全体を感じ取ってもらいたい。

1. 子どもが自ら展開する言葉の生活

（1）言葉の生活の基盤となるもの

　人間の赤ちゃんは，言葉を話し始めてから2～3年というわずかな期間で話すことの基本をすっかり身に付けてしまうといわれている。田口恒夫[1]は，この劇的な言葉の発達のためには生まれてから満2歳までの間に親子の心の絆がしっかりできて，「この人にくっついていれば絶対安心」という無条件的信頼感が子どもに育ち，「安心感のタンク」に貯えられることが必要だという。そして，安心感の貯えが多くなると水圧が上がり，人への積極的な興味が生まれ，聞き分け，しつけ・自立，友達遊び，模倣・学習，言葉といった蛇口から水が勢いよく溢れ出るというのである（図7－1）。

　同様のことが園で生活する保育者と子どもとの関係にもいえる。幼稚園・保

1. 子どもが自ら展開する言葉の生活　125

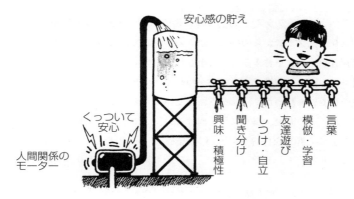

図7－1　安心感のタンク
（田口恒夫：育児とことば，弓立社，p.22，1984 に一部加筆）

　育所等で子どもが新たな生活を踏み出すときに非常に大切なのは，家庭での養育者（母親など）に代わる立場の保育者がその子どもといかに親密なかかわりをもち，信頼関係を築いていくかという点であろう。子ども一人ひとりが家庭とは違う生活の場で安心して過ごせるようになるためには，温かな保育者の眼差しに見守られ，支えられることが必要である。この関係は，保育者が子どもと顔を合わせ，声を交わし，身体を触れ合い，心を込めて世話をし，ともに遊び，気持ちのやりとりを伴ったかかわりを楽しみ，集団をつくっていくという，毎日の生活の繰り返しの中で，子どもとの間に少しずつ築かれていく。そして，この関係こそが子どもの言葉の生活にとって大切な基盤となっていくのである。
　例えば，満1歳の誕生日前のまだ歩くこともしゃべることもできない赤ちゃんでも，それまで一人で熱心におもちゃを手にして遊んでいた場所の近くから保育者が急に離れると，「行かないで！」とでもいうように甘えて泣いたりする。保育者が直接相手になって遊んでいないようなときでもこのような様子が見られるのは，他ならぬこの大好きな保育者がすぐそばで見ていてくれるという安心感があるからこそ，おもちゃというものの世界へと興味を広げ集中して楽しむことができるということであろう。次の事例ではそれが子ども自身の言葉ではっきりと表現されている。

126　第7章　幼稚園・保育所・認定こども園での言葉の生活

> **事例7-1²⁾　1歳児クラス（6月）：保育者のカバンを見て安心する**
> 　アズサは0歳児クラスからの持ち上がりの保育者に対し信頼感を寄せていて他の保育者がオムツを替えることも拒む日が続いていた。ある朝，その保育者が園バスの添乗の仕事でいないのがわかると泣き出したが，もう一人の担任に抱かれて外を眺めたり，歌をうたっているうちに泣き止んで落ち着くことができた。その直後，周りに目を向ける余裕ができたのであろう。部屋の隅の机の上に大好きな保育者のカバンが置いてあるのを見つけて，「しぇんしぇーの，あった！」と言って喜び，自分から抱っこから下り，安心して遊び始めた。

　1歳児クラスになり新たな環境の中で，0歳児クラスからの持ち上がりの保育者に心の絆を求め信頼感を寄せていたアズサが，その保育者の不在に不安を感じて泣いた。大好きな保育者のいない空間はアズサにとって不安でよそよそしいものであった。しかし，そこに保育者のカバンを見つけることができた途端，同じ空間が違った意味合いをもって立ち現れたのである。アズサは，その空間に自分の居場所を見つけ，自分から能動的に活動を始めた。

（2）積極的に興味や関心を広げる

> **事例7-2　0歳児クラス（8月）：向こう側の世界とつながる言葉**
> 　午前10時。保育者は，室内で過ごしていた0歳児クラスの中でも月齢の大きい子どもたちを身体を動かして遊ばせるためにフローリングの廊下へと連れ出した。用意された穴あきの箱型遊具につかまって周りを見ている子，カタカタを押して歩く子，保育者に手を引いてもらって一歩ずつ歩く子，スポンジのボールを穴あき箱型遊具の穴のところからポトンと落としては拾っている子など様々に遊ぶ様子が見られる。
> 　タマミは大きい子たちの中でも一番月齢が高く，言葉も出てきており，スタスタと歩くこともできる。そのタマミが廊下に面している職員室を覗き込んで引き戸を開け閉めし "いないいないばあ" をやっては，「ネー，ネー」と中の職員に声をかけ，「コッ（チ），コッ（チ）」（こっちにきて）と言う。

一方，コウキは同じく廊下に面している調理室を覗き込んだり，暗がりの曲がり角に入って行こうとしたり，トイレのドアの隙間から電気の点いている中の方を覗き込んでドンドンとドアを叩いたりしていた。タマミに気付いてコウキも職員室の前にやってきた。今度は二人で引き戸を開けたり閉めたりし始める。コウキも「オ，オーッ」と声を上げて呼ぶ。とうとう中の職員も二人に根負けし，事務仕事の手を止め，出てきてくれた。

　向こう側の世界，それは大変に興味をそそる対象である。調理室の職員たちが忙しそうに動いており，ピカピカ光る調理器具がたくさん並んでいる。また，暗がりの世界もその先がどうなっているのか，細い明かりを見せているトイレの中には誰がいるのか，声の主は誰か，そして職員室の見慣れた保育者たちの姿に対してその子どもなりの声を上げ，「一緒に遊ぼうよ」と誘いかける。子どもはこのようにして安心できる空間で自分の周りの世界に積極的に関心を向け，人や物や場所に対して自分からはたらきかけていく。旺盛な興味・好奇心が探索行動を生み，それに保育者が身体や言葉を使い，愛情をもって丁寧に応えることでさらに意欲がわき，言葉の世界も広がっていくのである。

2．一人で楽しむ言葉の世界

（1）言葉を発する心地よさ

　生後4～5か月の子どもは「泣く」「笑う」といった生理的な快，不快の表出が次第に感情を伴う心理的・社会的な表出へと変化してくるといわれている。つまり，それまでは自分の意志や感情に関係なく生理的な快・不快を表す身体反応でしかなかった「泣く」「笑う」という行為が，相手の存在を意識して自分の意志や感情を表し伝えるための行為へと変化していくということである。大人の顔を見つめて「アー」「ブブブー」などと声を出したり，身近な人の声を覚えて聞き分けたりするようになるのもこの頃である。

　落ち着いた機嫌のよいときには様々な発音を含む発声（喃語）*を声を出す遊

128 第7章 幼稚園・保育所・認定こども園での言葉の生活

びのようにして楽しむ様子が見られる。自分の声を楽しむこの行為は，心がリラックスし，ゆったりしたいい気持ちのときに見られるといわれる。心理的な安定は身体の緊張をほぐし，外に向かって心身を開いてくれるのであろう。

次に示すのは同様に言葉を獲得し始めた頃の子どもが自ら言葉を発し，その心地よさを味わっている姿である。

事例7－3　1歳児クラス（8月）：園庭のすべり台の上から一人で叫ぶ

帽子をかぶり，靴を履き替えて園庭で自由に遊んでいるときのこと。ナナは築山の上にあるすべり台の頂上に向かって斜面を一人トコトコ登って行く。頂上に着いてもすぐにはすべらず，誰ともなく空に向かって「オーイ！オーイ！」と呼んでいる。下の砂場にいる大人が気付いて「ナナちゃん，おーい」と応じる。一瞬ニコっとするが，すぐにすーっとすべり降り，再びトコトコ登って行くと，0歳児の保育室に向かって「オーイ！」，空を飛ぶカラスに向かって「オーイ！」，風で揺れている電線に向かって「オーイ！」，登っては叫び，登っては叫びを繰り返す。

すべり台の上に登って気持ちのいい空と空気を心と身体いっぱいで感じ，ナナは飽きることなく「オーイ！」を繰り返し楽しんでいた。その表情と声の調子は気持ちが開放された心地よさを物語っている。声を出すことの喜びに満ちて，自分なりのイメージや感覚を思う存分味わっていたのであろう。

（2）見立てて遊ぶ

言葉を獲得し始めた子どもには，対象となる現実の事物や事象をそれ自体ではなく，それを代理するものに置き変えて表現する象徴機能が生まれる。また，子どもは，経験したことを頭の中に再現してイメージとして思い描くことができるようになる。つまり，「目で見，耳で聞く現在の世界だけでなく，自分

---

*　喃語：新生児の叫喚音声（泣き声）と違って，快・満足の状態のときに見られる非叫喚発声が，発声そのものを目的とする行為となり，発声量が増え，音声の種類も多様化し活発に発声されるようになったものをいう。言葉としての意味はもっておらず母語以外の多様な音韻をもつ。（森上史朗ほか編：最新保育用語辞典二版，ミネルヴァ書房，p.215，1995，同第7版，p.298，2013より）

自身で経験を頭の中に"表象（representation）"として再現し，思い描くことができるよう」[3]になるのである。すると，積木を自動車に見立てて走らせたり，砂をかき混ぜてカレーライスを作ったり，布を身体に巻きつけてお姫様気分で踊ったりするような遊びが保育の場面にも盛んに登場するようになってくる。積木や砂や布が，自動車やカレーライスやお姫様のドレスと結び付けられて子どもたちの頭にイメージされているのである。

> **事例7－4　1歳児クラス（8月）：木のレールを電話にしてしゃべる**
> 　木のレールをつなげて遊んでいた男児のところを通りかかったサヤカは，自分もやろうとして山型のレールを一つ手にとった。しかし，その向こう側のままごとコーナーに気をひかれ，山型のレールを手にしたままそちらへ行く。レールを見て「オヤッ」と思いあたるかのような表情を見せると，にこにこして観察者のところへ何か言いながら見せに来る。サヤカのしぐさから電話をかけているとわかり，「誰かに電話してるの？」と尋ねるとうなずく。「ママかな？」と聞いてしまい観察者が少し後悔していると，サヤカはすっとままごとコーナーへ行って「ぽぽちゃん人形」を取って来た。人形を片手で抱いてレールの電話でしゃべっている。次にスカート，次にエプロン，次にスカーフを，最後はおんぶひもまで持ってきた。そして観察者に手伝ってもらいながらすべてを身に付けると，またレールの電話を耳にあて，ごにょごにょと何か盛んにしゃべっている。

このあと，サヤカは忙しそうにごちそうをお皿に並べ始めた。おそらくは忙しそうに電話したり，料理を作ったりしている母親の姿が思い描かれているのであろうか。このような遊びを通じて子どもは人や事物との出会いやかかわり合いの中で，実際に見たり，聞いたり，触ったり，試したりして経験したことを土台に，日々イメージの世界を豊かに育んでいく。そのようなイメージの世界で楽しく遊んだりしゃ

電話ではずむおしゃべり（3歳児）

べったりすることが，子どもの言葉の発達をいっそう促していくのである。

3．友達とコミュニケーションする

（1）友達の存在を意識し合う

事例7－5　0歳児クラス（8月）：声と行為を三人で一緒に楽しむ

　昼食の時間。保育者によって調理室から給食が運ばれてきた。「乳児食」の初期・中期・後期と「幼児食」とが子どもに合わせて配膳される。五人の保育者は忙しいながらもせわしない様子を表に出すことなく，それぞれの役割・持ち場で子どもたちとかかわっている。0歳児クラスでも大きい子たちは幼児食を待っている。エプロンをしてもらい，座席について，両手をきれいに拭いてもらう。この時期になると食事の時間の流れもわかっている様子で，順番にやってもらうのを機嫌よく待っている。保育者が別のおかずを取りにダイニングテーブルのところに立つ。すると，「はやく次のが食べたいよう」とでも言うように一人が両手でテーブルを「ドン！」と鳴らして「アーッ！」と催促した。それを聞いたもう一人がニヤッとうなずいたかと思うと，「アッ，アーッ！」と応じ，「ドン！」とテーブルを鳴らす。さらに別の一人も同じように声を出す。はじめはバラバラだった三人の動きが同調してそろい始める。互いに顔を見合わせ，身体を縦にゆすってテーブルを鳴らす。保育者も器によそうおかずを手にほほえましげにこれを見守り，「はい，はい，もうちょっと待っててね」と声をかけた。再びそれに答えるように「アッアッアッ」と三人の声が元気に響く。

　まだはっきりとした言葉をもたない子どもたちの食事の場面である。しかし，自分以外の子どもの存在をとてもよく意識しわかっている。顔を見合わせたり，表情で応えたり，同じ動作をまねしたり，動作に合わせて声を出したりする。誰かと一緒にいることを嬉しいと感じ，その思いをお互いに全身で表現している。テーブルというものを介して楽しさを共有しているのである。こうやって，人とかかわる力の基礎がつくられ，やがて身振りや声に代わって「言

3. 友達とコミュニケーションする　131

葉」でやりとりを楽しむようになっていく。

（2）人とのやりとりを楽しむ

　満1，2歳になって，歩いたりしゃべったりできるようになると，赤ちゃんが行動し，人とかかわる世界は格段に広がる。今まで以上に周囲の環境，人やものや空間や出来事などに興味を示し，積極的にはたらきかけていこうとする。そして，好きな相手とは同じことをしたがる。例えば，誰かが電車の図鑑を手にとって広げていると自分も絵本を持ってくる。相手がふらふらと立ち上がり，荷物を置くロッカーの中に入り込むと自分も入ってみる。相手が場所をずれると自分もずれる。また場所をずれると再び自分もずれる。そのうちに二人はロッカー越しに顔を覗かせ互いにケラケラと笑い合う，そんなたわいもないやりとりが楽しくて仕方ない様子である。これが言葉になるとどうだろうか。

> **事例7－6　2歳児クラス（5月）：「へんなの！」の大合唱**
>
> 　その日はトイレットトレーニングのため，まず排泄に関する絵本を保育者が読み，そのあと男児，女児の順に保育室横のトイレに行って自分でしてみるという保育の流れが計画されていた。
> 　二十数人の子どもたちは，壁を背に立ったまま寄りかかって横一列に並んでいる。保育者が絵本をめくり始めると，子どもたちはお話に引き寄せられ水を打ったように静かになった。絵本の場面が，主人公の動物がもう今日からはおまるが必要なくなったのでおまるのガァコちゃん（あひるの形をしたおまるのこと）ともお別れという場面にきたとき，一人の女児が「へんなの！」と叫んだ。ちょっと間をおいて，その周りにいた女児たちが次々と「へんなの！」を口にし始めた。横並びの列の端の方にいた女児たちは，保育者が次のページをめくる度に「へんなの！」を叫び，その場で小さな円を描くようにしてグルグルと回った。そして次のページを待つ。保育者は慣れたもので，1回ずつ女児たちの叫ぶ間をとり，かつ，お話が途切れない絶妙のタイミングでページをめくり続けた。

　はじめに「へんなの！」を叫んだ女児は，食い入るように絵本を見ていた身

132 第7章 幼稚園・保育所・認定こども園での言葉の生活

体が次第に斜に構えるような姿勢になっていき，おまるのガァコちゃんとのお別れのシーンはまさに何ともいえない気持ちが表情に表れていた。そして「へんなの！」という言葉が飛び出したのである。もう赤ちゃんじゃないからおまるはいらない，という成長の節目に，嬉しいような悲しいようなその両方が入り混じる気持ちがあったのではないかと思われる。

　大きくなるのは嬉しいことなのにガァコちゃんとの悲しいお別れがあるなんてまさに「変」なのだろう。周りの女児たちが同じ言葉を繰り返すのも，そこに共通した感覚があったのではないかと感じさせられる。しかし，互いに同じ言葉を模倣し口にしてみると，それがまた何とも楽しい。「へんなの！」で意気投合した女児たちはその感覚を共有し，言葉を模倣して繰り返すことによって，互いの思いをやりとりする楽しさを味わっているのである。

（3）言葉で応答する楽しさを味わう

　言葉が使えるようになって何と言っても楽しいのは，自分の気持ちを言葉で表すことができ，その言葉を介して人と気持ちを伝え合うことの喜びである。1語文*からやがて2語文*を話すようになった子どもの語彙は満2歳を過ぎる頃には，急激な勢いで爆発的に増えていくと言われている。月齢の関係で実際には1歳児の保育室にも2歳になっている子どもたちも生活してはいるのだが，それでも1歳児の保育室に比べ，2歳児の保育室がおしゃべりでにぎやかに感じるのは急速な語彙の獲得期に互いに言葉で応答し合う関係が増えてきたからであろう。個人差も大きいが2歳児クラスになると，かなり一人前にしゃべる子どもも出てくる。そして，子ども同士遊びや生活の中で言葉を使ったかかわりの場面が多く見られるようになる。以下の会話は楽しい2歳児のおしゃべりである。話の内容としては一部噛み合っていない部分もありながら，一緒

---

*　「シュテルン（Stern, W.）が，子どもの初期のことばは1語でありながら，文と同じような働きをするということから用いた語」が1語文である。1語発話ともいう（森上史郎ほか編：最新保育用語辞典第7版，ミネルヴァ書房，p.299，2013）。また，2語文とは，まだ助詞はないものの2語による語連鎖（「パパ　カイシャ」「ワンワン　ネンネ」など）で文としての構造をもっている発話のこと。

3. 友達とコミュニケーションする　　133

にいることを心から楽しみ言葉を交わしている。

事例7−7　2歳児クラス（8月）：ままごとでの二人の会話

　男児二人がござの上にそれぞれランチョンマットのようにして大きなハンカチを広げ，その上にお皿やカップやおたまやフォークなどを並べて隣合わせに座っている。

マコト：「ブドウジュースのあじがしてんの。だから。おいしーねー」

ユウタ：「これと，これと，これと，これなの」と言いながらごちそうを一つずつ指さす。

（二人で一緒に食べる振りをする）

マコト：「おいしーねー。おいしーねー」と満面の笑顔で言う。

ユウタ：「うん」と言いながら，自分のごちそうを並べるのに忙しい。

マコト：「ちょっとね，おさとうね，もってくる」と言って立ち上がる。

ユウタ：すぐに一緒に立ち上がり，ままごとの棚の方へ行く。

マコト：（戻ってきて）「これでたべるのね」と黄色いおたまをユウタに差し出す。「（ユウタの姿を見て）アッ，あるの。そ，そ。ここにあるの？いいよ，いいよ」とユウタに渡したおたまを取り返す。

ユウタ：（既に自分のところにあるおたまを持ってごちそうをかき混ぜている。無言）

マコト：「じゃあ，たべよう！」と元気な声で言う。

マコト：「あむ，あむ」「おいしー！」

ユウタ：「あむ，あむ」「おいしー！」

（4）言葉で伝える難しさに出会う

　満2, 3歳になってずいぶん言葉を使えるようになると，自分の中に伝えたい思いがはっきりとあるのに相手に対してうまく言葉で伝えられないもどかしさを感じる場面が見られるようになる。また反対に，言葉で気持ちを表現できるようになると，「だめー！」とあからさまに相手を拒否することも出てくる。いずれにしても，泣いたり，怒ったり，癇癪を起こしたり，むりやり行動に移したり，相手に対して手が出たりしてしまう。この時期は，言葉にならない思い

やはっきりと自分自身を主張したい気持ちを保育者が感じ取って肯定的に理解していこうとする姿勢をもって接すること，その子の気持ちを的確な言葉で表してあげることが，友達と言葉でコミュニケーションする喜びを経験する上で非常に大切である。友達との関係でどんなふうに言葉を使っていったらいいのかを学ぶには，保育者の手助けが是非必要なのである。

では，もう少し年齢が上がった場合はどうだろうか。

1）拒否する言葉

年中組になって保育者に対して特に増えてくる子どもからの訴えが，友達にかかわっていこうとしたときに言葉で拒否されたという経験であろう。しょんぼりしたり，泣いたりしているところへ「どうしたの？」と聞いてみると，「○○ちゃんが遊ばないって言った」「入っちゃだめって言う」「あっちに行ってって言う」などの答えが返ってくる。もちろん子どもの方から「せんせー！」と訴えに来ることも多い。さらに，そのあとに「昨日約束したのに」「ぼくは○○くんの友達なのに」などという但し書きまでついてくるようになる。

言葉への理解力が付き，相手から投げつけられた言葉に対して大変敏感になり，上っ面だけを聞いて一気に気持ちが暗転してしまいがちになるのもこの頃である。だんだん理屈も立派になってくるので，反対に「無視しちゃいけないんだ！」とか「独り占めは意地悪なんだよ」「どうして逃げるの」と相手を責める場合もある。

保育者としては，なぜなのかその理由を相手のところへ一緒に行って聞いてみたり，ちょっと断わられたくらいで諦めなくてもいいことやその場にいる他の人にも聞いてみること，少し時間をおいてみたらどうかということなどを伝え，拒否にあったと感じたときにどうしたらいいのかを教える。

しかし，たいがいは相手にもそう言うだけの理由やいきさつがあるものである。例えば，「だめって言った」と泣きながら訴えてきた女児の話を相手と一緒に確かめてみると，その前に拒否にあった当人が別の友達を仲間はずれにしていたために拒否されたのだとわかる場合などである。子どもからの訴えは，一方の言葉だけを鵜呑みにして対応すると，一面的な理解に陥る危険性があるの

3. 友達とコミュニケーションする　　135

で注意が必要である。それぞれの気持ちに気付いて応答していかねばならない。

２）きつい口調，怒鳴る言い方

> **事例７−８　ミユキ（４歳児　１学期）：きつい口調で怒鳴る**
>
> 　お弁当の時間。ミユキが，仲良しのハルミが自分のお弁当に入っていたおかずを仕切るキャラクター柄のホイルを見せてくれないことに腹を立て保育者に言いつけに来る。保育者がハルミに気持ちを聞いてみると「ミユキがこわくいったから」と言う。もう一度やさしく頼んでごらんなさいとミユキに伝えるが，詰め寄るようなきつい口調で頼んでいるのが聞こえる。再びミユキが訴えに来る。そこで「ミユキちゃんの言い方まだこわかった？」とハルミに聞いてみるが，ハルミは口ごもっていて何も言えない。せっかちなミユキはさらに「ひみつはいけないんだよっ！ミユキはひみつなんてしないよ！」と語気荒く言う。ハルミはますます答えられなくなってしまう。

　ミユキは腹を立てながらしゃべっている自分の言い方がきつい口調になっていることには気付かない。ただ，ただ，自分の思いに応えてくれない相手への怒りでいっぱいになってしまっている。自分のものの言い方や口調が，相手の気持ちに与える影響に思い至るには，このようなすれ違いを何度も経験していくことになる。

３）自分の理解を相手に押し付けてしまう

　言いたいことが大人である保育者になら言えるのに，いざ友達が相手となるとどのような反応が返ってくるのか心配で，気が引けて言い出せないことがある。例えば，お弁当のときや降園のときの席決めで一緒に座りたい相手に対して言えない。さっきまで普通にしていたのに何で泣いているのだろうと話を聞くと「○○ちゃんのとなりにすわりたい」と涙のわけを教えてくれる。保育者は，直接相手に自分の気持ちが言えるまでの道のりを一緒に手伝いながら進んでいくことになる。

　また，自分の気持ちや言いたいことが先行して思い通りにいかないことにイライラする様子も見られる。

136 第7章 幼稚園・保育所・認定こども園での言葉の生活

> **事例7−9 ４歳児クラス（３学期 １月）:「ぼくはちゃんときいたのに」**
>
> 　ナオヤは大好きなレゴブロックで車を作りたいがどうしても必要な部品を友達が先に使ってしまっている。年中組の初めの頃はお互いに力ずくか，怒鳴りあうような物の取り合いをしていたが，だんだん一呼吸おいて言葉でかかわっていこうとするようになっていた。だが，どうしても自分に都合のいいように会話を受け取ってしまう傾向があった。「せんせー，ユタカくんがうそついた」「うそってどういうこと？」と尋ねると，「交換してくれるって言ったのに交換してくれない」「きいてみたの？」「うん。ちゃんときいたよ」「なんてきいてみたの？」「この部品と交換してって」「それでユタカくんは何て答えてくれたの？」「ぼく，交換してって言ったもん」「だからユタカくんはナオヤくんにいいよーって言ってくれたの？」「ちゃんと交換してって言ったのにだめって言った」

　どうやら，一所懸命条件を考えて交渉してみたらしいのだが，相手に拒否されたようだ。ナオヤは，「人に "だめ" と言ったらいけない」ということが頭にあるので，自分はちゃんときいたのに拒絶する相手が「悪い」と思う。それが「うそ」という言葉に結び付いていったのではないか。しかし，このナオヤも，必死に我慢して「じゃあぼく待ってるから，終わったら貸して」と相手に伝え，自分の感情を言葉で抑制するようになっていくのである。

4. 互いにイメージをふくらませ豊かにする

（１）体験したことをもとにイメージが広がる

> **事例7−10[2] ２歳児クラス（９月）:沖縄に旅行に行ってきたショウコ**
>
> 　給食のご飯にしらすが入っていたので，保育者が「この魚はどこから来たのかな～」と言うと，ショウコは「う～ん，きっと沖縄からかも！」と言ってモリモリ食べるのだった。また，晴天のある日，外遊びをしていた子どもたちが飛行機雲を見つけて喜んでいたので，「飛行機ってすごいね！お空にずーっと線を引いてるよ。どこから来たのかな。どこまで行くんだろうね

4. 互いにイメージをふくらませ豊かにする　*137*

～」と保育者が話した。すると「そうだね～」と共感する子どもの多い中で
ショウコは「あれね，沖縄からきたんじゃない！きっと…」と言う。

　子どものイメージの世界は，見たこと・聞いたこと・実際に経験したことを
もとに広がっていくのであろう。給食の魚や飛行機雲を目の前にしてショウコ
の心の中には，沖縄で体験した青い海で見た魚や飛行機に乗って行ったずっと
遠いところのイメージがいっぱいに広がっていたことと思われる。

（2）見えない存在をイメージして遊ぶ

　初期のごっこ遊びはかなり早い段階から見受けられるが，友達とのごっこ遊
びがいよいよ本格的になってくるのは3歳児クラスあたりからである。例えば
母親から，家に帰ると小さい弟や妹を相手に"ようちえんごっこ"をするとい
う報告を受ける。「それがまた先生の口調にそっくりで」と言われる。保育者に
なりきって，幼いきょうだいに絵本を読んであげたり，かばんを背負わせたり，
いすを並べて座らせたり，という具合である。「まあー，どうしましょう！」
などという独特の言い回しが，まるで保育者の言葉そのもののこともある。家
にいる今は目の前にない園でのことだが，一緒に生活する中で実際の姿を実に
よく観察し，捉え，そして再現しているものだと感心させられる。

　以下に示すのはある男児の一言がきっかけで大勢を巻き込んで始まったごっ
こ遊びの展開する様子である。

事例7－11　4歳児クラス：ドラゴンごっこで盛り上がる

　恐竜が大好きで興味いっぱいのタツヤがいつも一緒の男児たちと「ドラゴ
ンが生まれた！」と言って走り回り始めた。「ドラゴン」という一言で大勢の
子どもたちがひきつけられ，実は何のことかよくイメージできない子どもた
ちも何となく面白そうだという魅力にひかれ集まって来た。保育者は普段力
を持て余し，隅の方で決まった相手とばかり同じようにして遊んでいるこの
グループが気になっていた。「今だ」と思い，個々ばらばらな子どもたちのイ
メージをどこかでつなぎ合わせてみようと試みる。

「あっちのほうで声がしたみたい」「まだ生まれてないドラゴンもいるの？」「ここにも来た跡がある」「人間を食べたりするの？」など子どもたちと一緒に動きながら要所要所で言葉をはさむ。子どもたちは俄然乗ってきた。「よし，あっちだ！」「どこ，どこ？」「音がする」「聞こえないよ」「卵があった。10個あった」「ちがうよ。100個だよ」「羽も生えてるしー，すごく怒ると火が出るんだ」急に数人が，ままごとコーナーへ急ぐ。次々とおもちゃの食べ物を運んできて，「この向こうにドラゴンがいる」という扉の向こうへ向かってボンボン投げる。「あそこにいるぞ」「ほんとだ」「よし！毒入りだ！」「えーっ，これ食べたら死ぬの？」「うん，そう」「ぼくもやりたい」「食べるかなー？」「匂いだけでも毒になるんだ」何もいない扉の向こう目がけて次々と食べ物を投げる。勇気を出して食べ物の入ったかごごと扉の向こうに置きに行く子もいる。保育者は食べ物を投げる行為に抵抗を感じるが，せっかくワクワクしてきたところを中断させるに偲びず，どの辺りでどのような声をかけようか迷う。「こっちにいたぞー！」「2匹だ」「ちがう。5匹いた」「どこ？」「おれ見たぜ」「ほんとう？」「赤かった」「緑だった」「そんなんじゃない。ゴールドだよ」「あ，また生まれた」「よし，ぼくが見てくる」などと叫びながら，縦横無尽に駆け回る。いつの間にかボールが卵になり，誰かがどんどんボールを運んで来る。自分のところで生まれては大変とボールの渡し合いになり，興奮が高まる。パワーがすごいので園庭に誘う。園庭をしばらく駆け回って，ドラゴン探しは続く。空を飛んで屋根に上がったという子どももいた…。

　よほど楽しかったのであろう，この恐竜への興味は今までと違って長く続いた。翌日も誰かのきっかけの一言でドラゴンごっこが始まった。また，何日か時間をおいて再び始まり，少しずつメンバーや状況設定や展開が変わっていった。ある日は，雨上がりの園庭で足跡探しとなり，またある日は「ティラノザウルスの歯だ」「トリケラトプスの骨だ」と化石掘りになった。どんどんイメージの世界と表現の仕方が変化していき，今度は廃材の空き箱とガムテープで恐竜を作ろうとする子どもも現れた。

（3）おしゃべりだけでイメージがつながる

　友達関係が深まってくると，しゃべるのが楽しくて仕方ないという姿に出会う。降園のひととき，しゃべりたい一心で夢中になって友達と話していて，話を聴くようにと保育者に注意を受けることもある。おしゃべりの話題だけで，知識や情報，気持ちやイメージを共有できる部分が増してきたのである。

　シオリ（4歳）たちが女児四人で行っていた「ぼうけんのはなしごっこ」もそんな遊びの一つであった。白い紙にラッションペンで地図のような絵を描きながら，四人が話を継ぎ足し合い，延々とぼうけんの旅の話が続く。そして面白いことに，片付けの時間になると，テレビゲームの画面のようなその絵に「ごーる」と書いて終わりにするのであった。

（4）お話のイメージを遊びに再現する

　しゃべる楽しさも大切だが，だんだんと「人の話を聴く」ことを経験してもらいたいとの思いから，保育者はいろいろなことを意識して保育に臨むようになる。実際にはいろいろな工夫があるが，その中の一つとしてお話の読み聞かせがある。

　だがもちろん，絵本やお話の読み聞かせは，言葉の力や聴く態度を育てるというねらいの中でのみ行われるわけではない。

　事例7-11の子どもたちは，映像メディアの視覚的刺激を多く受けて育っているせいか，ヒーローごっこなどつくられたイメージや設定された役の中でしか遊べない傾向があった。そこで保育者は，恐竜への興味をきっかけに，『もりのへなそうる』4）の本を読んでみることにした。

事例7-12　4歳児クラス（2学期）：お話の世界と同じ遊び方をする

　ある日の降園後，遅く発車する園バスを待っているときのこと。三人の男児がかくれんぼをしていた。もっと小さいときは保育者と一緒に盛んに楽しんでいたかくれんぼだが最近はやらなくなっていた。それを急に始めたのはなぜだろうと思い，数を数える様子を見ていて「あっ」と思い当たる。「いーち，にーい，さーん，ごーお，はーち，じゅう！」と「へなそうる」に登場

140 第7章 幼稚園・保育所・認定こども園での言葉の生活

する弟のみつやの数え方と同じだったからである。他の二人も気分はへなそ
うるのいる森の中のようで，楽しそうに机の下やロッカーの中に隠れてい
た。登場人物になりきって遊ぶ楽しさを味わいながら，お話から生まれたイ
メージの世界を豊かに生きる三人であった。

5．協同で遊びを展開させる

（1）言葉で遊ぶ

1）言葉の楽しさ・面白さ

　今井和子[5]によると，年中組の4～5歳になると，語彙が増加し，自分の考
えや経験が言葉にできるようになり，あるいは今まで知らなかった言葉を自分
のイメージで使ってみて自分の言葉にしていき，さかんに比喩を用いて「しゃ
べりまくる」ようになるという。また，年長組の5～6歳にかけては，クラス
の仲間関係も一段と深まって，友達の長所・短所や得手・不得手を冷静に捉え
るようになり，逆に友達から見た自分への意識も芽生えてくる。さらに，言葉
で思考する力によって自制心がはたらき，感情が安定してくる様子もみられる
という。まさしく，0歳からの4，5年ほどで子どもは母国語である日本語を自
由自在に操れるようになり，言葉の発達とともに心身も成長し，すっかり頼も
しくなるというわけである。

　「今日はお口のお手紙ね。お家に帰ったらお母さんにお伝えしてね」などとい
う具合に，翌日の持ち物や生活についてのちょっとしたお願いなどの伝言が伝
えられるようになってくる。「やはぎせんせいはやかん。タイチはたこ。ヒロ
シはひこうき。マリはまんじゅう」といった，あたまとり，しりとり，逆さ言
葉，反対言葉，早口言葉，クイズごっこ，などの言葉遊びも面白くなってくる。

　お弁当の時間になると，同じテーブルを囲んだ子ども同士でまずは「今日の
デザートなーんだ？」のあてっこクイズ，「ぶどう持ってきた人てーあげて」

「ハーイ！」の仲間探しが盛んである。また，「あぶくたった」や「はないちもんめ」などの伝承遊びを声をそろえて，保育者なしでも楽しむ姿が見られるようになる。

このように，言葉を使い言葉で遊ぶことを楽しむ子どもたちは，自分を表現する上でも人とかかわる上でも，この言葉への信頼と保育者の援助に支えられて園生活をいっそう豊かに繰り広げ，仲間意識を高めていくのである。

2）ふざける・はやしたてる

園生活の中で言葉を使い慣れてくるに従い，「言葉の乱れ」もまた見られるようになる。特に年中組では，外側からは立派に一人前に言葉を使いこなしているように見えても，自分だけの一方的な思いで判断したり，人とのかかわりにつまずいたりする姿も目立つ。言葉を悪ふざけの材料にして互いに同調することで仲間同士の連帯感を強め合うのもこの頃である。定番の「ウンチ」「オシッコ」はもちろんのこと，例えば，一人の友達を「おばけ，おばけ」とからかって数人で逃げたり，いやなことをされた相手の目の前で内緒話をして疎外感を与えたり，自分の方へ真面目に話しかけている相手を「しーらんぴっぴ！（知らないよーだ！）」とあしらってしまったり，などという場面が出てくる。また，保育者が子ども同士の関係をとりなそうとすると「関係ないもん」「知らないね」などと憎まれ口をきいたりもする。

調子に乗って言い過ぎたり，相手の言動に傷つき，怒ったりする中で，保育者が互いの子どもの気持ちをよく感じ取り，間に入って話をすることを数限りなく積み重ねていく，そんな言葉の生活が日々繰り返されることになる。

（2）相手の気持ちになる

クラスの子どもたちが毎日を一緒に生活し年長組になる頃には，一人ひとりの友達への全体的な理解が深まり，相手の気持ちを自分の気持ちとして感じ取り，表面的な態度の向こう側にある相手の心を汲み取れる余裕がもてるようになる。ぶつかり合いの場面でも「本当はそうするつもりじゃなかったんだよね？」ととりなしたり，「さっきはおへそが曲がっちゃって違うこと言っちゃっ

たんだと思う」と理由を分析したり，「○○ちゃんが怖い顔やめればごめんなさいできるって」と謝るきっかけを与えたりする姿がある。

　同時に遊びが生き生きと充実してくる。友達とかかわってこそ味わえる楽しさを遊びを通じて実感していくのである。例えば，同じ砂場での穴掘りにしても小さい頃と違い，「入れて」「いいよー」の言葉上の手続きなどでゴタゴタしなくても自然と仲間が加わり，「長いスコップ持ってこい」「おまえ，あっちから掘って」といった指示を出す子どもが出てきたり，「ここは高速道路ってことね」「トンネルはどうする？」「パーキングはこっち」と手を動かしながらも会話の中でイメージがつくられていったり，「先にやらして」「こっちから水流してもいい？」と了解を求め合ったりなど協同して遊びが展開していく様子がある。個としての自分ばかりでなく，集団の一員としての自分が発揮されてくるのである。心から充実して過ごした子どもたちは本当にいい顔をして言う。「今日いっぱい遊んだな」「あしたもまた続きな」と。

（3）話し合いで解決する

1）客観的な意見を言う

　友達関係が深まりクラスの中の人間関係が育ってくると，普段自分が親しくしている友達以外にも目が向くようになり，お互いの存在に関心をもって生活する度合いが高まってくる。仲良し同士の小グループがくっついてより大きな集団での遊びが見られるようになったり，分かれて遊ぶ傾向が強かった男児と女児が交じり合い，かかわりを広げていくようになる。そのような中，保育者はふとしたときに，子どもたちがお互いのことをよく見ているなと感じる場面に遭遇する。例えば，日頃見られるけんかやぶつかり合いの場面でもすぐに保育者に報告に来るのではなく，保育者に代わるような自分なりの意見を言い合っている姿に出会う。それが結構鋭いところを突いている厳しい指摘で，それゆえ第二のけんかが起きてしまうこともあるのだが，子ども同士の方が大人である保育者に言われるよりも素直になれる場合が多いようだ[*]。以下のような言葉がその例（いずれも5歳児）である。

「○○くんはすぐに怒っちゃだめだよ。普通に話した方がいいよ」

「怒鳴って言ったらいけないんだよ。怒鳴った方が負けー」

「○○ちゃんは怖い顔でお話するからみんなやになっちゃう」

「そういうときは，少し我慢して待てばいいんだよ」

「○○くんは，人の話聞かないからだよー」

2）言い訳をする／言い分を聞く

「だってあたしが先に使ってた」「だって昨日約束したから」「だって○○く
んがやれって言ったから」「ぼくは，入ろうとしただけで壊してないよ」「だっ
ていつも○○ちゃんと～ちゃんは一緒に遊んでるでしょ」「誰も使ってなかった
から置いてあると思ったんだよ」「私は謝っているのに○○ちゃんは謝ってくれ
ないから」「これは戦いごっことは違うんだ」…。これらはいずれも子どもた
ちの言い訳の言葉の数々である。

子どもたちは自分の行為に対して，過去のことを持ち出したり，友達のせい
にしたり，自分なりの解釈を説明したり，正当性を主張したりと様々な言い訳
で何とか相手にわかってもらおうとする。実は相手から見た自分の姿について
の意識が育ってきているためである。だから反対に，これらを相手の言い分と
して"聴く"という姿勢も少しずつ見られるようになってくる。

あるいは，「おまえの方が～じゃん」「いつもそんなこと言って自分ばかり」
「ぼくなんかもっと○○くんと遊びたい」など言葉の応酬が起きる場合もある。
いずれの場面も保育者が子ども同士のやりとりのどのあたりにどんなふうに登
場すればよいのか見極めることが重要である。

3）自分なりの解決策を提案する

「じゃんけんすれば」「順番でしょ」などお決まりの解決法が出てくることも
多いが，「わかった！ここをこうやってつなげればいいじゃん」といった発見
や，「～ちゃんが叩いちゃったからそのことを先にごめんなさいして，それから

＊　5～6歳頃は，例えば，「少し近くの人とお話するのを我慢してお友達のお話聞きましょう
　　か」と言う保育者の言葉に対して，「せんせいの方が黙ればいい」などと言って，大人の
　　言葉に手強い反応を返してくることもある。

○○ちゃんもごめんなさいすればいいと思う」という意見や説得,「この棒を逆さまにしてここに入れて,それから割りばしをこの間にはさんで,そしたらあとは,その次に〜…」という思考途中の考え方の提示などいろいろな形で相手に対して,あるいは当事者ではない第三者としての提案がなされる。もちろん,会話の流れの合間合間に保育者がしっかりと子どもの言葉を受け取り必要な言葉をはさみながら,一所懸命自分の考えを表現しようとしている個々の言葉をさらに引き出し,互いの言葉によるコミュニケーションを心の伝え合いとして助けていく。その周りに他の子どもも集まってきて,人ごとではない態度でそのときの事態に向かっていく場面が増えてくると,担任の保育者としても,クラスという集団の成長をずしりと感じるのである。

4）保育者の話をみんなで聞く／みんなの前で話をする／クラスで話し合う

　保育の中では,保育者一人の話をクラス全体で聞くという場面が意識して取り入れられていくが,年齢が上がるにつれて園生活の中でクラス全員で行動する場面も必然的に増えてくる。特に年長組ともなれば,行事に際して,引き受ける役割がたくさんあるので何かを決めるために話し合う機会も多くなってくる。保育者が一方的に事を決めたり,子どもたちに提案したりして進めて行ってしまえば簡単かもしれないが,やはりみんなで考えながらいろいろな意見を十分に出し合い,それぞれが納得できる形で進めていきたいものである。そのためには,日々の生活の積み重ねの中で保育者自身が子どもの話をよく聞くこと,子ども同士をしっかりと言葉でかかわらせること,クラスで一つのことに集中できる時間を工夫すること,相手の話に耳を傾ける態度を大切にすること,みんなの前で自分の考えを述べる機会をもつこと,など地道な努力を忘れてはならない。

（4）協同する遊びに向かって

1）ルールやきまりに気付く／ルールを守って遊ぶ

　子どもたちは,誰かと一緒に遊ぶことの楽しさは,何でもかんでも自分の思い通り好き勝手では成り立たないということを,数あるもめごとを通して身を

5. 協同で遊びを展開させる　145

もって経験していく。相手との関係の中で自分を抑えることは難しいが，友達と一緒に過ごせることの楽しさはそんな窮屈さも上回ってしまうようだ。

「○○は，ずるするからいやだ」とはっきり自分の非を指摘されて困ったり，こおり鬼で「タッチされそうになると，すぐバリヤーするのなし！」と新ルールを提案したり，つなひきで「人数が多いから勝つに決まってるじゃん」と公平さを訴えたりしながら，どうすればみんなで楽しく遊べるのかという問題に出会っていく。

初めのうちは，大勢が共通のルールを互いの間で合意していくまでに時間がかかったり，後から入った子どもがルールを把握できずに周りの子どもたちとぎくしゃくしたり，せっかく入ってみたけれど何となく楽しめるところまでいかずにやめてしまったりという具合になかなかうまくいかない。

事例 7 − 13　ツトム（5 歳児）：ふざけて罰ゲームを増やされる

　男児五人ほどが各自の知恵を出し合って，大型の箱積木を障害物のコースのようにして楕円状に並べたあとその上を落ちずに渡る「めいろ（積木渡り）」を今日もやっている。コースはかなり難しそうだ。小さな立方体を飛び石のように並べたり，三角形の積木の尖った部分を上にして置いたり，ドミノ倒しのように細長い直方体を立ててならべたりしてある。皆次々に挑戦している。どうやら，渡っている途中で落ちたら 1 回休むというルールを作って遊んでいるようだ。普段から機敏に身体を動かすことに苦手意識があるツトムが珍しく仲間に入れてもらっている。ツトムは，この遊び自体にはあまり乗り気ではないようだが，それでもサトルたちと一緒の仲間で遊びたいという気持ちが強く，友達の関心を引こうとしてわざとコースから落ちてはふざけていた。ツトムは周りの子どもたちから叱られているのに，ひっくり返ったり，蹴飛ばしたりしてコースをダメにするのをやめない。とうとう「ツトムー！いいかげんにしろ。わざと落ちてばかりいるから，ツトムは 20 回罰ゲームで 20 回休み！」とサトルに言われる。

　このあと，ツトムは，照れたような苦笑いをしてしばらくの間言われたとおりに休んで見ていた。苦手な「めいろ」に向かう自分を茶化していたが，ルー

ルのことは十分わかっていたのである。

2）友達の新たな面に気付く

　子どもたちは苦労しながらも，大勢でする遊びの中で友達の新たな面に気が付いていく。「○○くんて足速かったんだね」とか「○○くんに頼めばタッチしに来て助けてくれるよ」「こういうのは，○○ちゃんが上手だよね」「○○くんならいい考えがあるかもしれない」などと友達の存在を再確認し，その価値を認めて協力し合う。こうして互いが協同し，遊びを展開させていく。

6．遊びや生活の中で文字と出会う

（1）標識や文字への興味・関心

　2017（平成 29）年改訂された幼稚園教育要領では，「第 1 章総則」の「幼児期の終わりまでに育ってほしい姿」の第 8 項目に「数量や図形，標識や文字などへの関心・感覚」が取り上げられている。また，領域の「環境」と「言葉」それぞれにおいて，文字に関して感覚を豊かにし関心をもつことや文字などで伝える楽しさを味わうことが述べられている。そして，その内容を取り扱う場合に配慮すべき点として，「日常生活」の中で興味をもつようにすることや「幼児自身の必要感に基づく体験」を重視すること，「思ったことや考えたことを伝える喜びや楽しさ」を味わい，興味や関心をもつようにすることが明記されている。また，同時改訂・改定された保育所保育指針「第 2 章保育の内容」や幼保連携型認定こども園教育・保育要領「第 2 章ねらい及び内容並びに配慮事項」においても，それぞれ同様のことが挙げられている。

　すなわち，文字そのものを習得し使えるようになることをねらいとするのではなく，普段の生活の中で自然に文字と出会い触れ合えるような環境を構成することで，幼児の中に文字などの記号の役割やはたらきについて関心や理解が育ち，それらを使って伝える喜びや楽しさを味わうことをねらいとしているのである。こうした「言葉による伝え合い」もまた「幼児期の終わりまでに育ってほしい姿」の一つである。

6. 遊びや生活の中で文字と出会う　147

　個人差がかなり大きくあるものの，興味を示して自分なりに読んだり書いたりする行動は3歳児でも見られるし，4歳児になると鉛筆を持ってそれなりに書いてしまう子どもも何人か出てくる。受け持ったクラスにもよるが，5歳児ではむしろ読めない・書けない子どもは次第に少数派になってくる。中には「英語の歌知ってる」とか「漢字の名前書ける」と自慢したい子どもも出てくる。

　自分と友達を比べて見る眼が育ってくる時期だけに本来の興味・関心を大事にし，接し方・取り扱い方には慎重な注意を払う必要があるだろう。

（2）園生活の中の文字

　実際の園生活ではどうかというと，入園した時点から子どもたちは様々な文字環境の中で生活することになる。まずは，自分や友達の名前である。名札やロッカー，靴箱，通園かばんや上履き，手提げ袋，クレヨン，はさみ，防災頭巾などあらゆる物に記名がなされる＊。描いた絵や作った作品などにも一つひとつ記名する。自分のものが見当たらないようなときには，書かれている名前とそのものの特徴を手がかりに一緒に探すことになる。毎日の日付・欠席児の名前の板書、季節ごとに育てる花や畑の作物に名前を付け，チャボやうさぎなどのいる小屋に名前を掲げる。あるいは，七夕の短冊，お誕生会のカードなど，季節や行事のたびに文字と接する機会は多い。

　一方，保育者が子どもたちの様子を見ながら適当な時期に適当な意図をもって積極的に保育室の中に文字のある環境をつくっていくこともある。少し長い歌の歌詞を大きい紙に書いて貼ったり，運動会や遠足などの行事を機会に背の順の名前を書いたり，今月のカレンダーにクラスの生活の予定を書き込みながら話をしたり，保育者によって工夫は様々であろう。登園するなり歌詞カードに顔をくっつけるようにして何回もその歌を繰り返して歌う姿や当番表の名前のめくり違いを見つけ保育者に教えてくれる姿もある。

　そしてまた，園によって取り組み方は違ってくるが，年長組は行事の際に担

＊　いろいろな園がある中で，あえて文字で記名しない園や漢字で記名する園など実態は様々である。

う役割も大きくポスターや招待状，看板などを保育者の手を借りながら作り，お客様に届けたり，当日園の門に掲げたりすることもある。全員に同じように書く体験をさせることが目的なのではなく，書いてみたいという子どもの興味を満たしながら他の子どもたちの興味を引き出していくようにするのである。

字を書かなくても，絵を描いたり色を塗ったりするところで協力することができるし，小さい組に行って案内する役を担う子どもはそこを手伝うことで参加できる。そのようにしながら一人ひとりの文字に対する興味や関心に気付き，個々に応じて丁寧にかかわることが大切であろう。

（3）遊びの中の文字

保育者が「ケーキやさん」「シールやさん」「くじやさん」などのお店の看板を作る手伝いを子どもたちから頼まれることはよくある。また，「映画館見にきて」と言われ，渡された小さい紙を見ると ちけっと と書いてあっていすが並べられた小さなペープサートの劇場に案内される。あるいは園庭で，男女数人がそれぞれの地図を手に探検ごっこをしている。地図には道のような線と記号や暗号のようなマーク，そして行き先を示す文字が書かれている。

例えばこのように，園生活の遊びの中で文字が欠かせない小道具として登場してくることは，年中児・年長児の遊びになると特によく見られるようになる。書けるようになった子どもの一部は遊びの中でもどんどん文字を使っていく。それに刺激されて周りの子どももペンを手にするようになることがある。部分的にわからない文字があると「せんせい，ここに"を"って書いて」「"ま"ってどうかくの？」と保育者に訊くことも出てくる。また，「せんせい，お手紙あげる」と小さく折りたたんだ紙をそっと保育者に差し出すことはしばしばである。中には絵とともに「○○せんせい」の文字や「せんせいだいすき」などと書かれていて，保育者は思わずにっこり何とも嬉しい気持ちになる。

一方，読むことの例を考えてみよう。一番よく見られる姿は一人，あるいは数人で絵本や図鑑をめくる姿である。声を出して読んでいることもある。本の内容で話が盛り上がっていることもある。また，季節や子どもたちの興味を

6. 遊びや生活の中で文字と出会う　149

絵本を楽しむ（3歳児）

子どもたちからの手紙（5歳女児）

きっかけにかるた・すごろくが遊びの中で熱を帯びてくる時期がある。ちょうど友達同士でちょっとしたゲームなどを一緒に遊ぶ楽しさが感じられるようになる頃と重なり，季節が過ぎても続いていく。他にも医者役の子どもが手にしたカルテに書かれた文字を読み上げながら患者役の相手に薬を処方しているといった場面も見られる。半分くらいは書いていないことも口に出して言っていたり，字のつもりの記号のような文字を読んでいたりする。

　保育の場での様々な場面を通して，子どもたちが幼稚園・保育所等で生活する姿を言葉という角度から眺めてきた。子どもは，家庭とは違う生活の場で心の拠りどころとなる保育者と出会い，その保育者との心のつながりを基盤にして，自分の居場所を見つけ，自己の存在感を確かにし，主体性を発揮して自分自身を豊かに表現していく。人とかかわる楽しさを感じ，苦労しながらも友達とのかかわりを深め，自己の世界をより広げながら友達との遊びを充実させていく。

　そして，そこにかかわる保育者は表面に表れた言葉だけでなく，その言葉の外にある子どもの思いやその言葉の背景にある人間関係，時にはその言葉とは反対の意味までも含めて全身全霊で子どもたちと向き合い，ともに笑い，喜び，悩み，考える中で，子どもの願いや思いを感じ取り，応答を積み重ねながら，保育者自身の願いや思いを伝えていくのだといえよう。

■引用文献

1 ）田口恒夫：育児とことば，弓立社，p.22，p.159，1984
2 ）事例 7 － 1 と事例 7 － 10 については，保育者（飯利美知子氏）の保育記録より本人
　　と園の許可を得て掲載させていただいたものである。
3 ）内田伸子：発達心理学，岩波書店，pp.32–33，1999
4 ）渡辺茂男作，山脇百合子絵：もりのへなそうる，福音館書店，p.91，1971
5 ）今井和子：子どもとことばの世界，ミネルヴァ書房，p.115，1996

■参考文献

厚生労働省：保育所保育指針〈平成 29 年告示〉，フレーベル館，2017
文部科学省：幼稚園教育要領〈平成 29 年告示〉，フレーベル館，2017
やまだようこ：ことばの前のことば，新曜社，1987
今井和子：表現する楽しさを育てる保育実践　言葉と文字の教育，小学館，2000
今井和子：0 歳から 6 歳　子どものことば〜心の育ちを見つめる〜，小学館，2017
正高信男：0 歳児がことばを獲得するとき─行動学からのアプローチ，中公新書，1993
正高信男：子どもはことばをからだで覚える─メロディから意味の世界へ，中公新書，
　　2001
松居直：絵本・ことばのよろこび，日本基督教団出版局，1995
今井むつみ・針生悦子：言葉をおぼえるしくみ：母語から外国語まで，筑摩書房，2014
今井むつみ：ことばの発達の謎を解く，筑摩書房，2013
岡本夏木：子どもとことば，岩波書店，1982
菅野幸恵・塚田みちる・岡本依子：エピソードで学ぶ赤ちゃんの発達と子育て，新曜社，
　　2010

第8章
子どもの言葉を育てる指導

1. 子どもと言葉

(1) 現在の子どもと言葉

　まず，現在の子どもと言葉について少し考えてみよう。
　幼児期になると，語彙も豊かになり多くの言葉を使って生活するようになる。3歳にもなると文としてまとまりができて，普段の生活をする上で自分の必要を伝えたり相手の言っていることを理解するには困らない。言葉を単に，語彙として捉えるならば幼児期の子どもの言葉は十分に育っているといえる。
　しかし一方で，近年保育現場からは次のような声がよく聞かれるようになった。例えばAちゃんは，よく話すことができるし，同じ年齢の子どもたちに比べてはるかに語彙の数も多い。それにもかかわらず，Aちゃんと話をすると，こちら（保育者）がしっくりいかない。言葉を使って話をしているにもかかわらず，お互いに心が通じたような感じや安心感が得られないというのである。
　保育の現場では次のような子どもたちも増えている。例えば，折り紙で手裏剣(しゅりけん)を折っている友達をみて，「こうしてまず四角。こうして折るんだよ」「ちがう。ちがう。直線だよ」と声をかけ，「こんな簡単なのに折れないの」とたくさんの言葉を使う。しかし自分で折る場面では「むずかしくないよ。簡単」などと言いながら，B君のいうような「直線」とは程遠い折り方になる。言葉が流暢であるがゆえに，言葉の流暢さにふさわしく折り紙が折り進まれるだろうと思いながら見ていると，極端に手先の巧緻性が弱い。

152　第8章　子どもの言葉を育てる指導

　声が大きく大人のような語彙を使って話すC君は，子どもたちのリーダー的存在である。C君は言葉は巧みであるが，いざ砂場の砂を掘り始めると，（意図的ではないのに背後に対する意識がないのか）周りの子どもに砂をかけてしまうなど，言葉（ここでは語彙）の豊かさに比べて，身体感覚の幼さが気になる。

　言葉を使ってよく話をするが，目があわなかったり，うなずくなどの動作がないので伝わっているのか，聞いているのかわからない子どもが多い。そして一方的に話しかけ，相手の言葉が入る「間」がない子どももいる。コミュニケーションの基盤となるべき非言語的（ノンバーバル）な動作が伴わないことが気になる子どももいる。

　二十数年にわたって乳幼児期の両親と子どものかかわりについて研究してきた土谷みち子は，「足の協応動作が乏しい等の身体的発達の幼さ，情緒の表出や感情のコントロール，社会性の乏しさは近年の幼児の発達における変化である」[1] と捉えている。また親子のコミュニケーション場面では，例えば，3歳児の母親が子どもに一日のスケジュールを詳細に言葉で説明して指示を出したり，親同士が懇談中に子どもが近づいてくると，黙ったまま子どもの体や足をあやすなど，伝統的な親子の心身の距離感や非言語的なコミュニケーションの仕方に揺らぎや変化を感じることも多いと述べる[1]。

　現代の子どもの姿を前にして言葉の指導を考える場合，「言葉」のみに着目することの危険性に気付いておく必要があるだろう。そのためには0歳から幼児期までに，非言語を含めたコミュニケーションの基本が育っているのかを見ていくことが大切である。コミュニケーションの基本がまず育ち，それを豊かにしつつ，語彙を含めた言葉に関する感受性や美しい言葉への気付きを育むことが，子どもの発達をふまえた言葉の指導といえる。

（2）「幼稚園教育要領」「保育所保育指針」「幼保連携型認定こども園教育・保育要領」にみる言葉の指導

　2017（平成29）年に，幼稚園教育要領（以下「教育要領」とする），保育所保育指針（以下「保育指針」とする）および幼保連携型認定こども園教育・保育

要領（以下「教育・保育要領」とする）が改訂・改定された。教育要領，保育指針，教育・保育要領の領域「言葉」では，「経験したことや考えたことなどを自分なりの言葉で表現し，相手の話す言葉を聞こうとする意欲や態度を育て，言葉に対する感覚や言葉で表現する力を養う」ことが目指されている。

　言葉が豊かに育つためには，子どもが心を動かされるような体験をすること，いろいろな方法で応答し聞いてくれる人の存在があること，絵本や物語などを通して自分の経験と結び付けたり，言葉に対する感覚を豊かにし想像する楽しみを味わうこと，文字を通して伝える喜びを味わうことが重要であることが示されている。

　また2017年の教育要領や保育指針，教育・保育要領では，幼稚園，保育所，認定こども園の活動全体を通して「幼児期の終わりまでに育ってほしい姿」が10項目で示されている。言葉に関連する項目では，「（8）数量や図形，標識や文字などへの関心・感覚」として，「遊びや生活の中で，数量や図形，標識や文字などに親しむ体験を重ねたり，標識や文字の役割に気付いたりし，自らの必要感に基づきこれらを活用し，興味や関心，感覚をもつようになる」と示されている。また「（9）言葉による伝え合い」として，「先生や友達と心を通わせる中で，絵本や物語などに親しみながら，豊かな言葉や表現を身に付け，経験したことや考えたことなどを言葉で伝えたり，相手の話を注意して聞いたりし，言葉による伝え合いを楽しむようになる」が挙げられている。

　また指導計画を作成する際には，「言語に関する能力の発達と思考力等の発達が関連していることを踏まえ，幼稚園生活全体を通して，幼児の発達を踏まえた言語環境を整え，言語活動の充実を図ること」（幼稚園教育要領第1章第4）が重要であると述べられ，幼児期に言語能力を発達させる環境を整え，「考える力」を育むことが求められている。また国際化等が進む中で，海外から帰国した子どもや生活に必要な日本語の習得に困難を抱える子どもが，安心して自己を発揮できるように配慮することが必要であり，そのために個々の子どもの実態に応じて，園全体で，組織的かつ計画的に指導内容や指導方法の工夫を行い，幼児期の言語環境の実態に合わせて指導していくことが求められている。

154 第8章 子どもの言葉を育てる指導

子どもの言葉の指導において特に重要な過程がある。それは子どもが心を動かすような体験をし，そのことをいろいろな方法で応答し聞いてくれる人の存在があること，そして子どもは自分の話を聞いてもらうことにより，人の話も聞こうとする気持ちになり，これが言葉による伝え合い，すなわちコミュニケーションを育んでいくということである。

2. 言葉の発達の基礎となるもの

(1) リズムの共有・共鳴

新生児の発達をみていくと，「子どもはうまれながらにして，あるいは生後間もない時期から，ことばのリズムに反応したり，人の生み出すリズムに共鳴したり，動作をやりとりすることにふさわしい」[3] 能力をもって生まれてくるという。そしてリズムや動作のやりとりは，空腹や不快の解消といった欲求から生まれるのではなく，純粋にコミュニケーションすることそのものの喜びのために繰り返されるという。

生来子どもがもっているコミュニケーションを楽しむ能力は，親密な他者とのかかわりの中で育まれ，子どもと大人の生活の中で，楽しい活動として繰り返され，やがて友達や他の大人とのかかわりに広がっていく。0, 1歳によく見られる「いないいないばあ」を嬉しそうに繰り返したり，ボールを何度も大人に渡したりするやりとりを通して，リズムの共有・共鳴を感じとる力を育て，生涯にわたる言葉の発達において根底をなすコミュニケーションの力を養うのである。そして幼児期は，コミュニケーションの力をさらに豊かにしつつ，語彙や言葉の美しさ，言葉のに対する感覚を育てていく時期である。

事例8－1　身体と響き合う言葉

10か月のユウは，昔話「桃太郎」の抑揚やリズムに共鳴し，「どんぶらこ，すっこっこ」で身体を揺すって笑う。「おばあさんが桃をばっさり」と言うと，きゃっきゃっと喜び拍手をする。お話を繰り返すうちに，保育者も「どんぶらこ，すっこっこ」のところで一緒に身体を揺するようになる。

---

2. 言葉の発達の基礎となるもの   155

　0歳の子どもが「桃太郎」のストーリーを理解し，その筋を追っているとは
いえないだろうが，身体で，昔語りのリズムや人の声の強弱や抑揚に共鳴して
いる。言葉は，身体と共鳴する力をもっている。保育者の方も，子どもの身体
を揺する動きに誘われるかのように，子どもの反応を確かめながら「どんぶら
こ，すっこっこ」のリズムの楽しさに巻き込まれ，言葉を発していく。

　身体を介して言葉に出会う乳児とかかわる場合，保育者も身体を介して言葉
を受け止め，感じ取る力が必要であり，そのことが，大人と子どものコミュニ
ケーションの根底をなすリズムの共有・共鳴につながっていく。「自分の身体に
響く心地よいリズムはどのようなリズムなのか」「子どもの身体と響き合うリズ
ムや言葉は，どのようなものなのか」など，小さい頃を思い出しながら振り返っ
てみることは，言葉の指導においても有効である。

> **事例8－2　リズムのある言葉**
>
> 　11月のこと。4歳児クラスでは，みんなでお昼の後，掃除をしたり片付け
> をする。しかし4歳にもなると，そうじや片付けの時間になると上手にすり
> ぬけ，いなくなる子どももいる。
>
> 　お弁当の後，数人の子どもたちが机を運ぼうと集まってきたが，ナオちゃ
> んは，片付けをそのままにしてままごと遊びに入ろうとする。保育者が「ナ
> オちゃん，お弁当の机運ぶの手伝ってくれる？」というと，しぶしぶやって
> きて机を運ぼうとする。子どもたちはみんなで無言のまま机を運ぶ。そのと
> き，タイスケ君が「うんとこしょ，どっこいしょ」と声をかけた。すると一
> 緒に運んでいた子どもたちも「うんとこしょ」「どっこいしょ」と声を出す。
> ナオちゃんの表情も変わり，まるでおみこしを運ぶかのように「うんとこ
> しょ」「どっこいしょ」と掛け合いの声を出し机を運んだ。その後，ナオちゃ
> んは，数人の子どもたちと一緒に保育者のところに走ってきて，「まだ（運ぶ）
> 机ある？」と聞いてきた。保育者は，「ありがとう。みんなで運ぶと早いね」
> と声をかけた。

156 第8章 子どもの言葉を育てる指導

　4歳児にもなると，机運びは「仕事」のように思えたのだろう。事例8－2は，「机運び」に，「うんとこしょ」「どっこいしょ」というリズムのある言葉が添えられ，楽しい活動に変わっていった。単純な言葉ではあるが，リズムを共有できる言葉であり，子どもたちに躍動感を与え，片付けを楽しい活動へと変えていったのである。さらに子どもたちが，楽しい活動であったと意識できるよう，保育者は「みんなで運ぶと早いね」と子どもたちを認める言葉をかけた。保育者に認められることで子どもたちに「うんとこしょ」「どっこいしょ」は楽しい言葉として獲得される。

　このように考えると，言葉の指導は，誕生から幼児期に至る過程の中で，まず身体のリズムに共鳴する言葉を育て，子どもたちの動きに言葉を添え，やがて子ども自身がその言葉を獲得し，他者と言葉のリズムを共有できるようになるよう支えていくことである。すなわち，子どもが自分を表現し他者と共鳴できるような「言葉の使い手」となっていけるよう援助することである。

（2）聞くこと

　言葉が育つ環境とは，「聞いてくれる」「言葉を受け止めてくれる」環境があることといえる。言葉を育てるという場合，ややもすると言葉によって，子どもたちが話すことを育てようとするが，むしろ話すという行為は，話す―聞くという循環の中で成立し，聞き手の存在によって初めて成り立つ行為であることをもう一度確認しておきたい。子どもの言葉を育てようとするのなら，むしろ保育者はどうしたら子どもが気持ちよく自分の言葉を話すことができるのかを考え，よい聞き手となれるように努めることが必要であろう。

事例8－3　うなずき，微笑む

　10か月児ヨウスケ。保育士から「ヨウスケちゃん。はいどうぞ」とお茶の入ったコップを渡されると，ニコッと笑いコップを受け取る。また「あーい」とニコッと笑い，保育士にコップを差し出す。保育士もニコッと微笑みながらヨウスケのコップを受け取る。このやりとりが何度か繰り返された。

2. 言葉の発達の基礎となるもの　　157

　事例 8 − 3 は，日常の生活でよく目にする光景である。このような単純で基本的な活動が子どもたちのコミュニケーションの力を育む。ヨウスケと大人の目が合い，互いに微笑む。話し手─聞き手の循環がここでは行われている。そして重要なことは，このような行為が何度も繰り返し行われ，子どもたちの身体に，心地よいやりとりとして刻み込まれていくことである。

　基本的なコミュニケーションの型を身に付けた子どもたちは，リズムややりとりを楽しむ。この楽しみを知った子どもたちは，自分なりの言葉で話しかける。そしてそれを微笑みやうなずきで受けとめてくれる他者の存在があることで，話す喜びが増す。さらに言葉が増えることで，相手との伝え合いがより正確になり，コミュニケーションの楽しさが増すのである。

　言葉が育つ環境をつくる上で，まず言葉の発達の基本に立ちかえって，言葉の問題を捉える必要があるだろう。たとえ幼児期になって，語彙が増え，いわゆる言葉を使ったコミュニケーションが主となっても，その根底にはやりとりの楽しさがなければ意味がない。子どもたちの言葉の育ちを考えるとき，保育者は，コミュニケーションが本来もつ楽しさの共有が子ども同士，子ども─大人関係の中で成り立っているのか否かを見極めていく目をもちたい。

　幼児期になったとはいえ，やりとりに「間」がなく弾丸のように話しかける子どもには，保育者はゆっくりと目と目をあわせて応対することが必要だろう。子どもたちの話の速度を調節するように深くうなずくなどを意識的に行う。「それから・・」「それで・・」といった接続詞で，ゆったりと自分の言葉を使えるように配慮をすることもある。時には，子どもたちが話しやすいように手を握ってあげたり，背中をなでてあげるなど，保育者が，子どものリズムを感じ，子どもが相手と共鳴できるような身体リズムを育てるように援助する。そして何よりも「あなたの言葉を聞いているよ」「聞かせてね」という姿を子どもたちに伝えることが大切である。この過程を通して，大人と子どもが共にリズムをつくりながら言葉を育み，やがて子ども自身がそのリズムを友達や他の大人と楽しむことができるようになる。

158　第8章　子どもの言葉を育てる指導

3.　子どものイメージを豊かにする

　発達心理学者の J. ピアジェや J.S. ブルーナーらは，子どもたちの言葉は，体験→イメージ→言葉として発達すると捉えた。つまり，いかに深い体験をするかがイメージの豊かさにつながっているというのである。現在の子どもたちは，イメージをもって友達同士で遊ぶことが苦手であるという指摘は，子どもたちの体験が少ないことを物語っているのであろう。子どもたちのイメージを豊かにするためには，子どもたちの内面に深く刻まれるワクワクドキドキするような，〈おもしろい〉〈楽しい〉体験をより豊かにしていくかが重要である。

事例8−4　それぞれのイメージが少しずつ重なっていく

　大人の視線から少し離れた廊下は，ごっこ遊びを展開する場所として魅力があるらしい。少し暗くなった廊下で3歳児がマットを使っておうちごっこをはじめた。
　リサ「ここはおうちですから」
　シホ「お料理しなくちゃ」
　リサ「ベッドをおいて」
　ミキ「ここから入ることにしようね」
　リサ「ここが入り口ね」
　シホ「これでへんしんする」
　リサ・シホ（一緒に声が合って）「（セーラームーンのお洋服をつけて）へ・
　　ん・し・ん」
　ミキ「（お料理をだしながら）どうぞ」
　チエコ「バブバブ（廊下をはって）」（あかちゃんが登場）
　リサ「ここが入り口ですから」
　リサ・ミキ（一緒に）「ここが入り口ですから」

　3歳児の会話を聞くとき，言葉だけに着目すると，遊びの内容や展開の様子はよくわからないことがある。しかし，それぞれ自分のイメージを出せること

がまず第一歩であることに気付かされる。自分のイメージをしっかり出す中で，事例8-4のように，友達のイメージと重なり受け入れることができる。受け入れるといっても互いにイメージを調整しながら共有されたイメージで遊ぶまでには至っていない。相手のイメージを身体や言葉で楽しく受け止める姿がみられる段階である。3歳児にとっては，同じ言葉を発することが楽しかったり，イントネーションを共有することが楽しいのである。

　ところで，この様子をみた保育者は，覗きこんで「何してるの？」という声かけをやめて，すっと静かにしゃがんでこの様子を見ていた。それは子どもたちが，それぞれのイメージを出しながら，時にそのイメージが共有され，時に勝手に進みながら，全体として楽しい体験をしていることが伝わってきたからであり，そのような場の雰囲気を大切にしたいと考えたからである。

事例8-5　イメージを引き出す言葉

　3歳児クラスでままごと遊びをしている。子どもたちがそれぞれ役になっている。お姉さんは学校に行き，妹は保育所に預けられた。お父さんは消防署に出かけていき，家ではお母さんが一人，エプロンをして料理を作っている。

　お母さん役のアキコが，おなべに赤や黄色のお野菜の具を入れて，箸でかきまぜている。

　（その様子を見ていた）保育者が「ぐつぐつ。ぐつぐつ」と鍋の具になって言葉を発する。

　アキコ「煮えてきたわ」

　保育者「ぐつぐつ。ぐつぐつ」

　アキコ「早くおしょうゆを入れて」

　アキコ「子どもたちが帰ってくるわ。早くしなくっちゃ」

　アキコ「ふたがないわ。ふたはどこかしら」と調理台を探す。

　アキコ「少し火をとめて‥」

　ナオ・ヒカル・ユキナ「ただいま」

　しばらく，このままごと遊びが続いた。

第8章 子どもの言葉を育てる指導

お月見だんご作り―おいしくできるかな

　アキコは母親役としてままごとコーナーで一人で料理をしていた。保育者には，子どもが，子ども同士でイメージをもって遊んでいる姿を大切にしたいという思いが強くあったが，3歳ではそのイメージをもちつづけることは難しく，アキコはおなべで料理をしながら，動きが止まり手持ち無沙汰になっていた。そこで保育者は,「ぐつぐつ。ぐつぐつ」という言葉をかけた。アキコのままごと遊びの状況に即して，動きのある言葉を保育者が添えることで，子どもたちのイメージは引き出され，ふくらみ，そこに言葉が生まれている。

　「お料理しているの？」「何作っているの？」といった声かけによって，子どもの遊びを整理したり，命名したり，結論付ける言葉がけよりはむしろ，言葉を育てる上では，子どもの遊びの状況を読み取りながら，子どもたちのイメージがふくらむような言葉がけが，言葉を豊かにしていく。

> **事例8－6　イメージを広げるものの提供**
> 　4歳児クラスで病院ごっこがはじまる。「どこが悪いですか」「ちょっと頭が‥」「じゃあ。こちらのベッドに寝てください」患者さんに対してお医者さん，看護師さんが忙しげに応対する。しばらくすると隣でままごと遊びをしていたカナコが料理を持ってきた。ヒトミは,「ここは病院だからお料理はいらないの」とカナコに強く言う。カナコはだまったままである。この様子をみていたシオリが,「病院でもご飯食べるよ」と言い,「カナコちゃん,病院のご飯の人ね」と言う。シオリは祖母が入院していた経験をもつ。その

時の体験があるのだろうか，子どもたちのイメージをつなぐこととなった。カナコも病院ごっこに加わり，病気の人にご飯を運ぶ。「大丈夫ですか。食べられますか？」と声をかけた。

しばらく病院ごっこが続き，患者，医者，看護師，食事係と役割ができた。ミキが，保育者にかけよってきて，「先生，カットバンが欲しい」と言ってくる。保育者は，テープでカットバンを作る。まるで本物のようなカットバンを見て，子どもたちも作り出す。カットバンに空気を通す穴を書く子どももいた。カットバン作りに集まった子どもたちが薬のことを話していたので，保育者も薬にクッション材が使えるのではないかと提案する。子どもたちは，クッション材を切り，赤や橙の暖かい色をペンで塗る。「お薬です。朝と夜2回飲んでください」「こちらの薬はイチゴ味ですので大丈夫です」。子どもたちは次に袋も必要だと言い，袋を用意し，そのくすり袋に患者の名前らしき文字や「××」のような日時を示す数字を書き，「○○さん。次回は何日です。お大事に」と言う。患者の子どもは「ありがとうございました」と答える。

その後，ナース用の帽子，聴診器，薬局などができあがり，この遊びは長い間続いた。

ところで，病院ごっこは子どもたちにとって共通のイメージをもちやすい活動であるといえる。子どもたちはお互いのイメージを出し合いながら遊ぶ。4歳にもなると自分自身のイメージで一人で遊んでいたものが，子ども同士でイメージを共有できるようになる。

子どものイメージを高め，子ども同士で共有できるイメージとして支えることができたのは，場に即した保育者のものの提供による。イメージをふくらませるもの，ここでは薬としてイメージしやすい，そして工夫の余地があるクッション材（いわゆるプチプチ）が用意された。子どもたちのイメージを喚起するものを，保育の中でどのように用意していくかが，子どもの言葉の発達を支えることになる。

162　第8章　子どもの言葉を育てる指導

4．生活の中から言葉への興味を育てる

> **事例8－7　「ぴったり」の言葉**
>
> ① トモコ（1歳1か月）は，母親のひざの上で絵本『おつきさまこんばんは』（林　明子作　福音館）を読み聞かせてもらっている。「こんばんは」というところでは母親をまねて同じように頭を下げる。
>
> ② トモコ（3歳）は，園に登園してくると，「おは・・」といってはにかみながら頭を下げる。園長先生が「トモコちゃん　おはよう」と笑顔で受けとめる。
>
> ③ トモコ（5歳）は，園に登園してくると「おはよう」と元気に入ってきて，保育室にダッシュでかけこんでいく。保育室でも先生や友達に「おはよう」と声をかける。

　子どもたちは，遊びや生活の中で言葉を獲得していく。幼稚園や保育所等の生活の中で，子どもたちの言葉は広がっていく。「おはよう」「先生」「着替え」「お弁当」「コップ」「おはし」「トイレ」「お片付け」「ともだち」「絵本」「ブロック」「積木」「ありがとう」「ごめんね」「さようなら」・・・・。子どもたちは，園での生活を送りながら多くの言葉に出会っていくのである。

　事例8－7でみたように，絵本で覚えたあいさつの言葉は，園長先生との門での言葉になり，やがて先生や友達と今日も一緒に遊ぼうという意味を込めた「おはよう」となる。日々の生活を送る中で，言葉は子どもたちの動作や行動と一緒になって，子どもなりの言葉として獲得される。自分なりの言葉とは，子どもたちの生活に「ぴったり」あった言葉と言い換えることができる。

　「好きな遊びから生まれる言葉」「片付けをしながら生まれる言葉」「絵本の世界から覚えた言葉」・・・・。子どもたちは生活する中で言葉に出会い，人間関

4. 生活の中から言葉への興味を育てる　*163*

係の広がりの中で言葉が増え，変化していく。このように考えると，話したくなる体験をどのように子どもたちが増やしていけるか，話したくなる人の存在が増えていくことが言葉を豊かにしていく。

事例 8 − 8　言葉を使って考える

　年長 5 歳児ともなると，時には男の子・女の子同士で，時にはクラスの子どもたちで，話し合いを進めていく。今日は終わりの会で，男の子たちが夢中になって捕まえてきたバッタをこの後どうするかが話し合われた。5 歳児クラスでは，男の子たち数人が園庭でのバッタ探しに夢中になっていた。登園するとリーダーのタケシがまず網をもって園庭に出る。アキラやケンタも一緒に探し，「これ○○バッタだ」「足がとれてる」「先生バッタ捕まえたよ」と会話が弾む。虫への興味がさらに広がるようにと保育者が，図鑑を用意する日もあり，図鑑を囲んで子どもたちがバッタの生態や身体の構造について話をする姿も見られた。

　しかし，バッタの数も増え，カゴに入れられたままのバッタが気になっていた。保育者がバッタ採りでよく遊んでいた子どもたちに「つかまえてきたバッタをどうしようか？」と持ちかけた。話し合いの中で，タケシが「バッタは○日しか生きられないんだ。」と言った。「○日しか生きられないならかわいそうだね」「もう死ぬかもしれないね」という言葉が出て，結局バッタを逃がすことになった。

　図鑑の中の知識が言葉として使われ，その言葉を手がかりにバッタをどうするかを子どもが考え，出した結論であった。保育者は，「どうしたらいいと思う？」「考えてみようよ」と子どもが考える機会にじっくり付き合い，また子どもたちが考える具体的な手がかりを提供しながら，子どもたちが言葉を使って考える力を育んでいった。子どもたちに言葉を使って考える力を育てていくことも，幼児期における重要な言葉の指導である。

164 第8章 子どもの言葉を育てる指導

5. 子どもの表現を豊かにする

事例 8 - 9 言葉遊びの楽しさ

輪になって座っている 2 歳児。保育士が一人ひとりにボールを渡す。「次はだれかな？」子どもたちは楽しみに待つ。しばらくしてヨウちゃんとヨシ君の前で，「だれにしようかな。だれにしようかな。ヨ，ヨ，ヨ，（二人は緊張しながらどちらかなと思っている）…ヨシ君」。ヨウちゃんとヨシ君は共にケラケラケラと大声で笑う。

一つの音声の違いで言葉が変身する言葉遊びである。子どもたちは楽しい言葉の雰囲気の中で言葉を遊びながら，言葉の広がりを感じていく。単純な遊びであるが，この遊びを通して，子どもたちは自分と名前の関係，自分の名前に関する確かな認識を育てていく。そして一つの音声が変われば，違う事柄の意味に変わるという不思議で楽しい感覚とともに，子どものものの見方をゆさぶり，広げていく。

事例 8 - 10 いろいろな言葉

1 歳 3 か月のヨウちゃん。「おむすびころりん すっとんとん」。おじいさんが穴に落ちる場面では大喜びできゃっきゃっと声を出して喜ぶ。

昔語りを聞くことが少なくなった子どもたちにも，この語りは親しみやすいリズムをもっているのだろう。子どもの言葉が豊かになるのは，このような異質なものとの出会いや普段なじみのないリズムに出会うときである。

いろいろな言葉に出会うという点では，絵本『ぽちぽちいこか』（マイク・セイラー作／ロバート・グロスマン絵／今江祥智訳，偕成社）も面白い。主人公のかばが，消防士・ピアニスト・宇宙飛行士などに挑戦するのだが，なかなか思い通りにいかない。挑戦と失敗の繰り返し。ついには「こら，あかんわ」「ひしゃ

絵本を読む──今日は何のお話

げてしもたわ」と落ち込む。そして最後には「ま，ぼちぼちいこかということや」と関西弁でユーモアたっぷりにしめくくるお話である。

ところでこの絵本の読み聞かせを行った3歳児クラスには次のような後日談がある。「運動会前に，焦らないようにと思いつつもその準備にあわただしくしていた保育者を見ていた，3歳児レオ君が，"ぼちぼちいこか"と笑いながら声をかけた」という。行事の準備で焦る保育者の気持ちが身体に表れていたのを敏感に感じ取り，その場にぴったりの言葉「ぼちぼちいこか」を使用したのである。

多数の言葉がある。大人はもちろん，子どもとはいえ幼児期にもなるとたくさんの言葉を知っている。しかし，その場の雰囲気や今の自分の気持ちを表現できる言葉をどれくらい使うことができるだろうか。そして言葉が物事の姿を一変させる力をもっていることにどれくらい気付いているだろうか。笑いながら声をかけたレオ君は，感覚的ではあろうが，ユーモアに満ちた「ぼちぼちいこか」が楽しい言葉であり，決して相手を傷つけるものではないことを理解していたと考えられる。

6．言葉が育つ人間関係をつくる

事例8－11　言葉が語ること
　年長5歳のハヤトは海外から引っ越してきたが，日本語が全く話せない。もちろん園ではまだ子どもたちの遊んでいる遊びのルールもわからない。4歳児クラスに行き，お医者さんごっこに入りたいと思ったハヤトは，お医者さんになろうとして聴診器をとると，まわりの子どもたちが「だめ」「○○がお医者さんなんだよ」と言われる。またある日，大縄跳びに突然入り，大縄

跳びの順番を待っていた子どもたちに「だめ」「順番」と強い調子で言われる。
　しばらくして，ハヤトは，「だめ」「順番」という言葉を覚え，強い調子で
使うようになった。

　この事例は，どちらの子どもが良いか悪いかを問うものではない。日本に来
たばかりのハヤトは，日本語がまだ上手に話せない。もちろん子どもたちの遊
びのルールもよくわからない。そこで，やりたい遊びに入り，なりたい役をと
ろうとする。これは決して特別なことではない。一方，子どもたちには，すで
にルールや遊びの約束が成り立っていて，それに沿って楽しく遊んでいる。突
然入ってこられるのは，驚きであり，ルールを破ることは認められることでは
ない。どちらの言い分もよくわかる状況といえる。
　しばらくしてハヤトは，「ダメ」「順番」という言葉を強い調子で使うように
なった。もちろん周りの子どもたちがハヤトに対して「ダメ」「順番」という言
葉をよく使ったので，ハヤトは，当然ながら最初にこの言葉を覚えたのである。
　事例8−11で，むしろ気になることは，ハヤトがまねた語気の強さである。
ルールを作って遊びはじめた子どもたちが，突然ルールを破って参加しようと
するハヤトの行為に対して，「ダメ」「順番」という言葉を使うことも理解でき
ないわけではないが，ハヤトがまねた語気の強さに，相手を受け入れたり，相
手の言葉を聞いたりする態度が子どもたちの中で育っているのかどうかを保育
者は疑わなければならない。ハヤトが使った語気の強い言葉は，周りの子ども
たちの言葉であり，子どもたちの他者とのかかわり方を示す言葉でもあるとい
える。
　「いいよって言ってあげるとハヤトくん嬉しいよ」「いいよって言うと気持ち
いいね」と受け入れる言葉を育てることも保育者の役割であろう。保育者がモ
デルとなって子どもの言葉を変えていく。またハヤトの行為の意味を代弁しつ
つ，ハヤトに周りの子どもの状況を伝える援助をすることも必要だろう。それ
と同時に言葉は，「言葉」だけではなく「強さ」「言い方」も相手に伝わるとい
うことを，丁寧に伝えていく必要があると考える。

7. 子どもの表現意欲を育てる

事例 8 － 12　総合的な活動の中で〈おばけごっこ〉

　年長5歳児クラスでは，7月末にお泊り保育を実施した。お泊り保育は，普段一緒にいる家族と離れ，先生やクラスの友達と一晩を過ごす活動である。家族と一緒ではないという点では，子どもたちにとって緊張の時間であるが，また同時に普段の生活とは違う非日常の時間として楽しみでもある。

　保育者たちはお泊り保育でどのようなことを育てたいのかを話し合い，結局，肝試しをすることとなった。子どもたちが，怖がって夜眠れなくなるのではないかなどいろいろな意見が出たが，夜が暗いこと，普段感じないもう一つの世界を感じてほしいという願いから活動を決めた。子どもたち一人ひとりの2年あるいは3年間の成長の姿や普段の園での様子が細かく話し合われ，「少し怖いかもしれないが，子どもたちの心に残るようなドキドキ感を大切にしたい」「先生も一緒に楽しむことが必要」などの意見が出た。

　先生方が工夫して変装をし，声を変えて行ったその日の肝試しは，子どもたちには十分怖く不思議な世界だったようである。予想どおり泣く子どもも出たが，変装したおばけの「色・感触・雰囲気」をしっかり感じ，子どもたちにはとても楽しく心に残る体験となった。一番泣いていた子どもが，お泊り保育の帰りぎわに，「今度は僕がおばけになりたい」「おばけになって先生たちをびっくりさせる」と言って帰った。

　2学期の活動は，「おばけ」ごっこからスタートした。まずそれまで作られていた基地ごっこが，おばけの館に作りかえられた。「トイレットペーパーをぐるぐる巻いて」などトイレットペーパーを巻いたお化けに変身する姿も見られた。この楽しい雰囲気は，4歳児にも伝わり，おばけの服装を作ることになる。保育者も一緒に楽しみながらおばけの洋服を作る。「黒いごみ袋をお洋服にして」「顔にひげをつけて」「爪も長いと怖いよ」など具体的な言葉が聞こえた。保育者も一緒になり変装を楽しんだ。

子どもの表現意欲を育てるためには，表現したいと思うワクワク・ドキドキする体験を保障することといえる。

　子どもたちの成長とは，生まれながらにもっている人とかかわる能力，自分とかかわる能力をいかに世界に開かれたものにするかということである。そのためには，聞いてくれる他者の存在が必要であり，様々な経験を通して子どもたちは自分の言葉を育てていく。言葉の担い手となった子どもは，やがてその言葉を自分の生活が楽しくなるように使用する。重い机を運ぶときに「うんとこしょ，どっこいしょ」という言葉を使い，おみこしを担ぐような楽しさに変えていく。大切な泥だんごを落としたときも，「仕方がない。まあいいか。またつくるか」という言葉で自分を奮い起こしていく。言葉の指導とは，生活の積み重ねの中で，絵本や物語などの間接体験をうまく利用しつつ，子どもなりの言葉，生活に「ぴったり」の言葉を育てていくことである。子どもが開かれていくように，言葉もまた子どもの発達の中で変化していくのである。

　岡本夏木は，『子どもとことば』（岩波新書）の中で，言葉の発達ではなくて，「発達のなかのことば」だと述べている。つまり言葉は子どもの全体的な発達の中から生み出されてくるものであり発達そのものを大きく変えていくと捉えている[4]。子どもたちがどのような状況の中でどのように言葉を獲得し，その言葉を使ってどのように人間関係を結んでいるのか，そして言葉を使っていかに楽しい生活をつくっていくことができるか，言葉とともに子どもたちの世界の広がりを捉えていくことが保育者の役割である。

■引用文献

1 ）土谷みち子他：「幼児期の家庭教育への援助—保育者の捉える子育て支援の方向性
　　—」，保育学研究第 40 巻第 1 号，pp.12-20，2002
2 ）文部科学省：幼稚園教育要領，2017　厚生労働省：保育所保育指針，2017，内閣府・
　　文部科学省・厚生労働省：幼保連携型認定こども園教育・保育要領，2017
3 ）やまだようこ：ことばの前のことば，新曜社，pp.46-47，1987
4 ）岡本夏木：子どもとことば，岩波新書，pp.7-10，1982

■参 考 文 献

民秋言編：幼稚園教育要領・保育所保育指針・幼保連携型認定こども園教育・保育要領
　　の成立と変遷，萌文書林，2017

＊イタリック体は次頁以降数頁にわたり同一語が出現することを示す

あ

- 合言葉 ……………………………… 98
- 遊び ……………… 105, *119*, 142, 146
- 遊びを通しての総合的な指導 … 14

い

- 生き生きした言語表現 …………… 22
- 生きた言葉 ………………………… 20
- 育児ストレス ……………………… 28
- 育児不安 ……………………… 24, 28
- 1語文 ……………………………… 132
- 一次的ことば ………………… 74, 80
- 今井和子 …………………………… 140
- イメージ ………… 97, 129, 137, *158*
- イメージや想像の世界 …………… 45

う

- 内田伸子 …………………………… 76

え

- 英語の習得 ………………………… 33
- 英語の早期教育 …………………… 33
- エプロンシアター ……………… 118
- 絵本 ……………… 10, 13, 22, 37, 46, 49, 74, 98, *112*, *119*, 131, 153, 163

お

- 欧米の文化 ………………………… 32
- 岡本夏木 ……………………… 74, 80, 168
- 音としての言葉 …………………… 9
- 親子関係 …………………………… 28

か

- 会話体 ……………………………… 75
- 科学技術 …………………………… 18
- 核家族 ……………………………… 27
- 核家族化 …………………………… 28
- 価値観 ……………………………… 25
- 学校教育法 ………………………… 14
- 紙芝居 ………………………… 74, 116
- 加用文男 …………………………… 105
- 感覚刺激 …………………………… 57
- 環境 ………………………………… 110
- 間接的体験 ………………………… 21

き

- 聞き手 ………………………… 54, 156
- 帰国子女 ………………………… 31, 34
- 規準喃語 …………………………… 59
- 教育紙芝居運動 ………………… 116
- 共同注視 …………………………… 62

く

- クーイング ………………………… 36

け

- 言語感覚 …………………………… 27

言語的環境·····················71
言語発達の基盤·················22
言語表現 ····················22, 27

こ

語彙·············67, 132, 140, 154, 157
語彙爆発························67
行為に意味を与えること·········42
古宇田亮順 ·····················118
声の表情······················21
語気の強い言葉 ················166
国際化社会····················32
国際紛争······················32
心のこもった会話···············27
心を揺さぶられる体験···········23
語調·························49
ごっこ遊び ····················137
個としての自分 ···············142
異なる文化····················32
言葉遊び ·············100, 140, 164
言葉に表現できない子どもの思い
 ·························· 7
言葉の獲得 ···················39, 62
言葉の感覚····················26
言葉の感性 ····················154
言葉の経験····················27
言葉の障がい··················79
言葉の体験····················46
言葉の調子やリズム···········49
言葉の表情····················49
言葉への興味・関心·············51
言葉を交し合う喜び·············55
子どもの文化 ···········105, 111
コミュニケーション意欲 ········119

コミュニケーションの力 ···154, 157
コミュニケーションの本質········19
コミュニケーション力 ···········120

さ

三項関係·······················62

し

識字刺激·······················76
しきたり·······················25
自己中心性·····················73
視線 ·························*61*
自然にかかわること·············23
児童図書・雑誌 ················111
児童福祉施設···················13
児童文化 ·····················105
児童文学······················115
児童文化財 ··············111, 120
社会的な行動の仕方·············25
社会的微笑····················36
集団の一員としての自分 ········142
集団の成長 ····················144
主体性の確立··················19
象徴機能 ······················128
情報 ·························*18*
情報化社会 ····················*18*
初語·························37
書字力·······················75
触覚的経験····················78
白石正久······················72
人工の遊び環境·················23
人工の遊び場···················23
人工の環境····················23
身体·····················*20*, 53

172　さくいん

身体運動能力の発達……………78
身体感覚 ……………24, 69, 78
身体に染み込んだ記憶…………23
身体の状態………………20
信頼感 …………94, 101, 126
信頼関係 …………… 99, 125

す・せ

鈴木孝夫………………41
先生の声は教具 ………… 9

そ

早期教育 …………33, 76
総合的な指導………………14
総合的な表現活動………71
相互応答…………………20
相互伝達系のコミュニケーション
　発達………………58
想像…………………45

た

対比的な概念………………71
対比的・二分的思考……………71
田口恒夫 ………………124
竹内敏晴………………52
他者理解………………32
探索行動 ………………127

ち

地域社会 …………25, 122
地域の共同体………………25
地域の伝統文化………………26
地域の人間関係 …………24, 122
地域（の）文化 …………25, 122

地球の温暖化…………………22
聴覚的経験…………………78

つ

追随注視…………………61
伝えたい相手………………53
土谷みち子 …………………152

て

伝承遊び …………………141

と

トイレットトレーニング ………131
童話……………… 10, 14, 115
都市化 …………………*22*

な

中谷真弓 …………………118
喃語……………36, 66, 70, 127, 128

に

二項関係…………………62
２語文 …………………132
二次的のことば …………74, 80
日本人としての自覚………………34
乳児食 …………………130
人形劇 …………………117, 121
人間関係 ………24, *28*, 50, 111, 142

の

ノンバーバルなコミュニケーション
　…………………152

は

排泄 ……………………………131
発達課題……………………………16
話し手 ……………………………157
話す意欲 …………………………53, 86
パネルシアター …………………………118

ひ

ピアジェ, J. ……………………………158
非言語 ……………………………152
非言語的なコミュニケーション
……………………………152
比喩表現………………………………78
表象 ……………………………129

ふ

父母の存在……………………………86
ブルーナー, J. S. ……………………158
文化 ………25, *31*, 94, 104, *107*, 121
文化的・教育的環境 ……………111
文化的施設 ……………………………122
文章体……………………………74
文脈形成力……………………………72

へ

ペープサート ……………………117

ほ

保育所保育指針……………………………
1, 2, 5, 7, 8, 11, 13, 14, 115, 146, 152
方言……………………………94
母国語……………………………34, 59
保護者とのかかわり……………………82

本能的微笑……………………………36

ま

マスメディア ……………………*18*

め

メタファー……………………………78

も

文字 ……………11,51, 73, 146, 153
文字環境 ……………………………12, 76
文字の習得……………………………74
物に意味を与えること……………41
模倣 ……………………………124, 132

や

やりとり遊び……………………………62
やりとり行動……………………………63

ゆ

指さし ……………………………37, *63*

よ

幼児期の終わりまでに育ってほしい
姿……………………………146, 153
幼児食 ……………………………130
幼稚園教育要領……………………………
1, 2, 5, 8, 11, 13, 14, 15, 115, 146, 152
幼保連携型認定こども園教育・保育
要領 ……………… 1, 11, 146, 152
読み聞かせ ………111, 113, 119, 120

り

リード, C. H. ……………………10

執筆者・執筆担当

〔編著者〕

榎沢　良彦　　東京家政大学家政学部教授　　　　　　　第2章

入江　礼子　　共立女子大学家政学部教授

〔著　者〕(50音順)

杉本　裕子　　元鎌倉女子大学児童学部准教授　　　　　第4章

内藤　知美　　田園調布学園大学子ども未来学部教授　　第8章

橋爪　千恵子　静岡福祉大学子ども学部教授　　　　　　第1章

本江　理子　　富山国際大学子ども育成学部准教授　　　第5章

矢萩　恭子　　和洋女子大学人文学部教授　　　　　　　第7章

横山　洋子　　千葉経済大学短期大学部教授　　　　　　第3章

わたなべめぐみ　文京学院大学非常勤講師　　　　　　　第6章

〔執筆協力〕

飯利美知子

上田　陽子

シードブック

保育内容言葉〔第3版〕

2005 年（平成 17 年）	4 月 1 日	初版発行〜第 4 刷
2008 年（平成 20 年）	12 月 1 日	第 2 版発行〜第 8 刷
2018 年（平成 30 年）	5 月 1 日	第 3 版発行
2019 年（令和元年）	5 月 10 日	第 3 版第 2 刷発行

編著者　　榎　沢　良　彦
　　　　　入　江　礼　子

発行者　　筑　紫　和　男

発行所　　株式会社 建　帛　社
　　　　　　　　　KENPAKUSHA

〒 112 - 0011　東京都文京区千石 4 丁目 2 番15号
TEL（03）3 9 4 4 - 2 6 1 1
FAX（03）3 9 4 6 - 4 3 7 7
https：//www.kenpakusha.co.jp/

ISBN 978-4-7679-5068-6　C 3037　　　　文唱堂印刷／愛千製本所
©榎沢良彦，入江礼子ほか，2005，2008，2018.　　Printed in Japan
（定価はカバーに表示してあります）

本書の複製権・翻訳権・上映権・公衆送信権等は株式会社建帛社が保有します。
JCOPY〈出版者著作権管理機構　委託出版物〉
本書の無断複製は著作権法上での例外を除き禁じられています。複製される
場合は，そのつど事前に，出版者著作権管理機構（TEL 03-5244-5088，
FAX 03-5244-5089，e-mail：info@jcopy.or.jp）の許諾を得て下さい。
